高职高专“十四五”规划教材

新专业目录财经新形态系列

智能财税岗位综合实训

（工作手册式）

（第二版）

杨继杰　编著

立信会计出版社
LIXIN ACCOUNTING PUBLISHING HOUSE

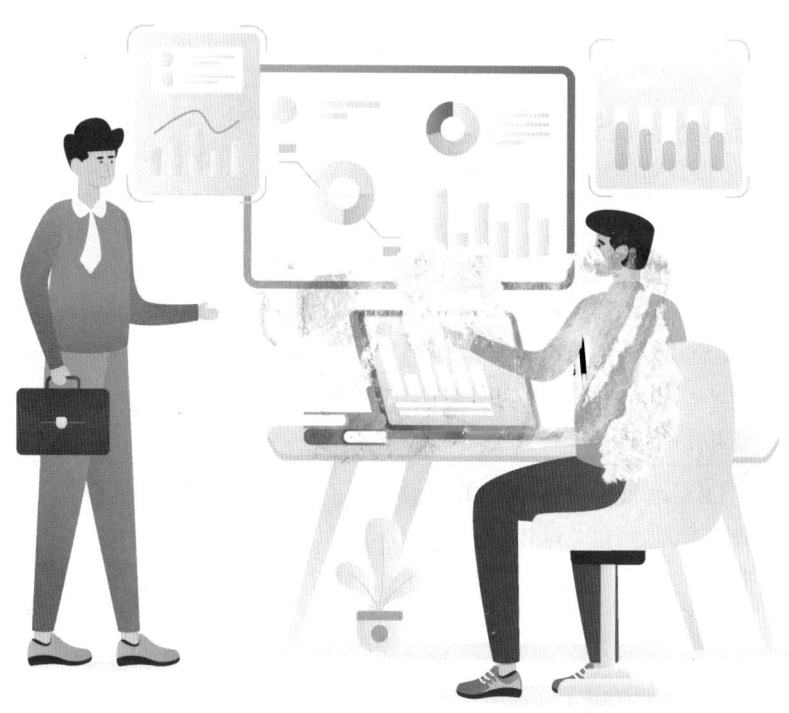

图书在版编目（CIP）数据

智能财税岗位综合实训 / 杨继杰编著. -- 2 版.
上海：立信会计出版社，2024.9. -- ISBN 978-7-5429-7681-9
Ⅰ. F810-39
中国国家版本馆 CIP 数据核字第 202420FM90 号

策划编辑　　赵志梅
责任编辑　　赵志梅
美术编辑　　吴博闻

智能财税岗位综合实训（第二版）
ZHINENG CAISHUI GANGWEI ZONGHE SHIXUN

出版发行	立信会计出版社		
地　　址	上海市中山西路 2230 号	邮政编码	200235
电　　话	(021)64411389	传　　真	(021)64411325
网　　址	www.lixinaph.com	电子邮箱	lixinaph2019@126.com
网上书店	http://lixin.jd.com		http://lxkjcbs.tmall.com
经　　销	各地新华书店		
印　　刷	浙江天地海印刷有限公司		
开　　本	787 毫米×1092 毫米	1/16	
印　　张	17	插　　页	1
字　　数	250 千字		
版　　次	2024 年 9 月第 2 版		
印　　次	2024 年 9 月第 1 次		
书　　号	ISBN 978-7-5429-7681-9/F		
定　　价	58.00 元		

如有印订差错，请与本社联系调换

第二版前言

"十四五"期间,职业教育进入高质量发展新阶段,职业教育战线以习近平新时代中国特色社会主义思想为指导,落实立德树人根本任务,对标对表《中国教育现代化2035》和《加快推进教育现代化实施方案(2018—2022年)》,以构建高质量教育体系为总目标,切实增强职业教育适应性,奋力把习近平总书记对职业教育"大有可为"的殷切期盼转化为职业教育战线"大有作为"的生动实践,为促进经济社会发展和提高国家竞争力提供优质人才资源支撑。

高职高专的教育目标是培养技术技能人才,注重学生的实践动手能力、职业岗位能力、创新能力和解决实际问题能力的培养。本教材依据智能财税岗位实训教学改革,体现云财务,结合高职教育人才培养目标和会计专业特点,邀请企业实践专家参与教材开发。通过完成岗位分工中的任务,学生可以熟练掌握财务工作具体内容和流程,从填制原始凭证、编制财务报表到纳税申报,提高其财会工作岗位的综合能力。本教材以"成果导向"的教学理念为指导,结合高职高专学生的特点,合理安排104个技能点(任务点),注重学生实际应用能力的提升,解决财务工作中的常见问题,帮助会计专业学生突破从理论到实践的"瓶颈"。本教材是高职院校"成果导向"教学改革的系列教材,也是全国职业院校技能大赛(会计赛项)的参考用书。

本教材主要特点如下:

(1)本教材是高等职业院校会计技能大赛成果转化配套教材,也是校企合作开发的岗、课、赛、证融合的智能财税分岗位综合实训教材。

(2)本教材以网中网财务会计技能竞赛平台为智能财税操作载体,以企业会计核算工作过程为设计依据,内容包括原始凭证的审核和填制、现金存储业务处理、会计凭证汇总、会计凭证整理与装订、记账凭证的编制与审核、账簿登记、对账与结账、会计报表编制、纳税申报表编制、财务分析等。

(3)本教材每章设有课程思政,设置岗位模块,通过出纳岗位、成本会计岗位、审核会计岗位、会计主管岗位进行岗位分工与协作,完成各个任务,并在会计技能竞赛平台完成全部操作。

(4)本教材采用新型的票据可撕线打孔形式,方便学生进行会计凭证的填制、审核、签章、传递、装订等操作,帮助学生真实地体验会计工作岗位。

(5)教材内容紧密结合最新会计准则、税法和财务报表。

本教材共分为四个实训岗位：岗位一为出纳岗位，岗位二为成本会计岗位，岗位三为审核会计岗位，岗位四为会计主管岗位。

岗位一，出纳岗位。其内容主要包括结算票据填制、整理票据、网银支付和签章。

岗位二，成本会计岗位。其内容主要包括原材料费用分配、人工费用分配、辅助生产费用分配、制造费用分配、产品成本计算和成本分析。

岗位三，审核会计岗位。其内容主要包括会计凭证填制、信息化操作、结转损益和签章。

岗位四，会计主管岗位。其内容主要包括创建账套、年度所得税申报、增值税纳税及附加税费申报、自定义报表公式、生成资产负债表、生成利润表、生成现金流量表和税收筹划。

本教材由杨继杰负责对全书进行总纂和定稿，由张振和任主审。编写具体分工如下：岗位一由张丽静、王欢编写；岗位二、岗位三、岗位四由杨继杰编写。感谢厦门网中网软件有限公司提供平台技术支持以及黑龙江省新基石会计师事务所有限公司的技术支持。

本教材为黑龙江省教育科学"十四五"规划重点课题"高职院校会计专业国际化办学模式研究"（课题编号 ZJB1421025）的科研成果。

本次教材修订，主要根据2021年后财政部新收入准则变动，国家税务总局对增值税纳税申报表、年度企业所得税申报表的变动，医疗保险和生育险的调整，对相关原始凭证数据、任务描述、科目余额表期初数据、增值税及附加税费申报表和企业所得税申报表等项目进行修订，更新部分业务答案，以适应新企业会计准则、新税制的要求。

由于会计准则、管理会计、涉税知识的不断变化，本教材如有不足之处，敬请广大读者批评指正。

编　者

课程思政　　配套资源

目　录

第一章　实训背景 ………………………………………………………………… 1

第二章　分岗位实训 ……………………………………………………………… 23

　岗位一　01 出纳岗位 ………………………………………………………… 23

　　任务 1：提现备用——签发现金支票 ……………………………………… 23

　　任务 2：票据贴现 …………………………………………………………… 27

　　任务 3：支付广告费——签发转账支票 …………………………………… 29

　　任务 4：支付广告费——填制进账单 ……………………………………… 31

　　任务 5：（单据整理，业务 4）销售中心办公室搬迁运费 ………………… 31

　　任务 6：（单据整理，业务 5）收到货款 …………………………………… 31

　　任务 7：（单据整理，业务 7）报销招待费 ………………………………… 31

　　任务 8：（单据整理，业务 9）收到货款 …………………………………… 31

　　任务 9：（单据整理，业务 14）支付材料款 ……………………………… 33

　　任务 10：（单据整理，业务 15）购入固定资产 …………………………… 33

　　任务 11：（单据整理，业务 29）支付丝印费 ……………………………… 33

　　任务 97：网银支付勘察费 ………………………………………………… 43

　　任务 98：网银支付销售中心办公室搬迁运费 …………………………… 43

　　任务 99：网银支付职工培训费 …………………………………………… 45

　　任务 100：网银支付设备维修费 ………………………………………… 45

　岗位二　02 成本会计岗位 …………………………………………………… 49

　　任务 14：（业务 2）支付车间设计制图费 ………………………………… 49

　　任务 65：职工薪酬分配表 ………………………………………………… 51

　　任务 66：（业务 52）分配职工薪酬 ………………………………………… 53

　　任务 67：（业务 53）分配职工教育经费 …………………………………… 53

　　任务 68：外购水费分配表 ………………………………………………… 55

　　任务 69：（业务 54）支付并分配水费 ……………………………………… 57

　　任务 70：外购电费分配表 ………………………………………………… 57

　　任务 71：（业务 55）支付并分配电费 ……………………………………… 59

任务72：固定资产折旧计算表 ····· 61
任务73：(业务56)计提折旧 ····· 61
任务75：发出材料单位成本计算表 ····· 63
任务76：发出材料汇总表 ····· 65
任务77：生产车间材料费用分配表 ····· 77
任务78：(业务58)结转本月领用原材料成本 ····· 79
任务79：制造费用分配表 ····· 79
任务80：(业务59)分配本月制造费用 ····· 79
任务81：期末在产品约当产量计算表 ····· 81
任务82：产品成本计算单 ····· 83
任务83：(业务60)结转本月完工产品成本 ····· 85
任务96：成本分析 ····· 87

岗位三　03 审核会计岗位 ····· 91

任务1：提现备用——签发现金支票 ····· 93
任务2：票据贴现 ····· 95
任务3：支付广告费——签发转账支票 ····· 95
任务5：(单据整理,业务4)销售中心办公室搬迁运费 ····· 97
任务6：(单据整理,业务5)收到货款 ····· 97
任务7：(单据整理,业务7)报销招待费 ····· 97
任务8：(单据整理,业务9)收到货款 ····· 99
任务9：(单据整理,业务14)支付材料款 ····· 99
任务10：(单据整理,业务15)购入固定资产 ····· 99
任务11：(单据整理,业务29)支付丝印费 ····· 99
任务13：(业务1)提取备用金 ····· 99
任务15：(业务3)材料采购 ····· 101
任务16：(自动生成记账凭证,业务4)销售中心办公室搬迁运费 ····· 103
任务17：(自动生成记账凭证,业务5)收到货款 ····· 105
任务18：(业务6)出售交易性金融资产 ····· 105
任务19：(自动生成记账凭证,业务7)报销招待费 ····· 107
任务20：(业务8)支付2号厂房勘察费 ····· 109
任务21：(自动生成记账凭证,业务9)收到货款 ····· 111
任务22：(业务10)收到银行承兑汇票 ····· 113
任务23：(业务11)购入股票 ····· 113
任务24：(业务12)销售商品 ····· 115
任务25：(业务13)报销差旅费 ····· 119

任务 26：(自动生成记账凭证,业务 14)支付材料款 …………… 125
任务 27：(自动生成记账凭证,业务 15)购入固定资产 …………… 125
任务 28：(业务 16)固定资产验收入库 …………… 129
任务 29：(业务 17)预付审计费 …………… 129
任务 30：(业务 18)报销研发费用 …………… 131
任务 31：(业务 19)购入辅助材料 …………… 133
任务 32：(业务 20)购入五金材料 …………… 135
任务 33：(业务 21)债务重组 …………… 139
任务 34：(业务 22)中央空调安装验收 …………… 143
任务 35：(业务 23)发放上月工资 …………… 143
任务 36：(业务 24)缴纳住房公积金 …………… 149
任务 37：(业务 25)缴纳社会保险 …………… 151
任务 38：(业务 26)拨缴上月工会经费 …………… 153
任务 39：(业务 27)缴纳税费 …………… 157
任务 40：(业务 28)收到货款 …………… 161
任务 41：(自动生成记账凭证,业务 29)支付丝印费 …………… 163
任务 42：(业务 30)预付装修款 …………… 165
任务 43：(业务 31)收到员工罚款 …………… 165
任务 44：(业务 32)报销车辆加油费 …………… 167
任务 45：(业务 33)销售商品 …………… 169
任务 46：(业务 34)支付厂房设计费 …………… 171
任务 47：(业务 35)票据贴现 …………… 173
任务 48：(业务 36)支付销售中心办公室搬迁运费 …………… 175
任务 49：(业务 37)支付职工培训费 …………… 177
任务 50：(业务 38)收到存款利息 …………… 179
任务 51：(业务 39)购入工程物资 …………… 181
任务 52：(业务 40)支付广告费 …………… 183
任务 53：(业务 41)支付通信费 …………… 187
任务 54：(业务 42)设备维修费 …………… 189
任务 55：(业务 43)出售股权 …………… 191
任务 56：(业务 44)结转其他综合收益 …………… 195
任务 57：(业务 45)捐赠支出 …………… 195
任务 58：(业务 46)销售商品 …………… 199
任务 59：(业务 47)购买办公用品 …………… 201
任务 60：(业务 48)无形资产摊销 …………… 203

任务61:(业务49)计提3月份借款利息 …… 203
任务62:(业务50)支付一季度借款利息 …… 205
任务63:个人所得税计算表 …… 207
任务64:(业务51)计提个人所得税 …… 209
任务74:(业务57)闲置办公楼转出租 …… 209
任务84:销售成本计算表 …… 213
任务85:(业务61)结转本月销售成本 …… 217
任务86:(业务62)结转销售发出包装物 …… 217
任务87:(业务63)存货盘点 …… 221
任务88:(业务64)存货盘点批准处理 …… 221
任务89:(业务65)计提金融交易增值税 …… 223
任务90:未交增值税计算表 …… 223
任务91:(业务66)转出未交增值税 …… 225
任务92:应交城市维护建设税与教育费附加计算表 …… 225
任务93:(业务67)计提城市维护建设税及教育费附加 …… 225
任务94:(业务68)结转研发支出 …… 227
任务95:(业务69)计提一季度企业所得税 …… 227

岗位四 04 会计主管岗位 …… 229
任务12:创建账套 …… 229
任务97:网银支付勘察费(审核出纳任务) …… 229
任务98:网银支付销售中心办公室搬迁运费(审核出纳任务) …… 229
任务99:网银支付职工培训费(审核出纳任务) …… 229
任务100:网银支付设备维修费 …… 229
任务101:增值税及附加税费申报 …… 230
任务102:年度所得税纳税申报 …… 247
任务103:计算净收益 …… 260
任务104:选择方案 …… 260

主要参考文献 …… 261

第一章 实训背景

一、公司基本信息

公司名称：北京红星皮具有限公司

公司地址：北京市朝阳区科技工业园 158 号

公司注册资本：人民币 1 200 万元

公司法定代表人：邓伟丰

电话：010-59466497

社会信用代码：911101060911564238

公司账户信息：

交通银行北京朝阳支行 110002049052486154477（基本户）

110002080906814053542（工资账户）

110007880969814084263（住房公积金账户）

交通银行北京东城支行 110008987656225638655（一般户）

公司单独设置财务部门，设有 01 岗出纳、02 岗成本会计、03 岗审核会计和 04 岗会计主管四个工作岗位。其具体分工如下：

李春梅：会计主管，负责组织和领导公司的会计工作，进行全面预算、短期经营决策、长期投资决策；负责审核记账凭证、对账、编制财务报表、编制纳税申报表及纳税申报；负责组织财产清查；负责保管公章；负责组织会计档案的整理和保管等。

杜文涛：成本会计，负责产品成本核算、填制成本计算原始凭证，编制成本业务记账凭证，编制成本报表、进行成本分析等。

王秀玲：审核会计，负责审核原始单据；负责编制除产品成本业务之外的其他业务的记账凭证；负责保管财务专用章及发票专用章。

杨婷婷：出纳，负责办理库存现金、银行存款收付款业务；保管库存现金、有价证券等；登记现金日记账和银行存款日记账；配合清查人员进行库存现金、银行存款清查，同时负责保管法人章。

公司会计核算方法及财务管理制度如下：

（1）公司以人民币为记账本位币（核算中金额计算保留至分位），记账文字为中文。会计核算采用科目汇总表账务处理程序。

（2）公司为增值税一般纳税人，销售产品增值税税率为13%；公司当期取得的增值税专用发票，按照现行增值税制度规定准予抵扣的，均于当期一次性抵扣。

公司适用的城市维护建设税税率为7%，教育费附加征收率为3%，地方教育附加征收率为2%；按规定代扣代缴个人所得税；企业所得税税率为25%，并假设这一税率适用于未来可预见的期间，公司不享受其他税收优惠政策。企业所得税的核算采用资产负债表债务法。企业所得税缴纳采用按季预缴，按年汇算清缴的方式，公司以前年度的企业所得税假设已进行汇算。

本教材不考虑除上述税费以外的其他税费。

（3）公司原材料、周转材料、库存商品采用实际成本法与数量金额式账页组织日常核算，发出原材料、周转材料、库存商品采用全月一次加权平均法计价。

原材料发出业务，于月末根据领料单编制发料凭证汇总表，汇总进行原材料出库业务的总分类核算。

（4）坏账损失的核算。公司应收账款坏账准备采用账龄分析法估计，其他的应收款项不计提坏账准备。不同账龄计提坏账准备的比例如下：

① 未到期的为0。

② 逾期1～90天的为2%。

③ 逾期91～270天的为4%。

④ 逾期271～360天的为6%。

⑤ 逾期361～540天的为10%。

⑥ 逾期541～720天的为12%。

⑦ 逾期720天以上的为15%。

（5）公司固定资产折旧、无形资产摊销均采用年限平均法。固定资产折旧方法和无形资产摊销方法与税法规定一致。固定资产预计净残值率为4%，无形资产无净残值。无形资产摊销和固定资产折扣分别如表1和表2所示。

表1　　　　　　　　　　　　　无形资产摊销

无形资产类别	摊销年限（年）
土地使用权	30
专利权	10
非专利技术	10

表 2　　　　　　　　　　　　　　固定资产折旧

固定资产类别	折旧年限	年折旧率
房屋建筑物	20 年	4.80%
生产设备	10 年	9.60%
运输设备	4 年	24.00%
管理设备	5 年	19.20%

(6)公司按有关规定计算缴纳社会保险费和住房公积金。基本社会保险及住房公积金以上一年度职工月平均工资为计提基数,计提比例如下:基本养老保险为24%,其中企业承担16%,个人承担8%;医疗保险为12.8%,其中企业承担10.8%,个人承担2%;失业保险为1%,其中企业承担0.8%,个人承担0.2%;工伤保险为0.2%,全部由企业承担;住房公积金为24%,其中企业承担12%,个人承担12%。

公司由个人承担的社会保险费、住房公积金在缴纳时直接从"应付职工薪酬——短期薪酬(工资)"科目中冲销,不通过"其他应付款"科目进行核算。

(7)公司职工福利费和职工教育经费不预提,按实际发生金额列支;工会经费按应付工资总额的2%比例计提。工会经费按月划拨给工会专户。

(8)公司根据有关规定,每年按当年净利润(扣减以前年度未弥补亏损后)的10%的比例计提法定盈余公积,不计提任意盈余公积。

(9)公司采用品种法计算产品成本,成本项目为直接材料、直接人工和制造费用。成本计算中各分配率的计算保留4位小数,计算结果保留2位小数。

本月发生的直接材料费以各种产品材料消耗定额耗用量在各种产品之间进行分配,本月发生的直接人工和制造费用按实际生产工时在各种产品之间进行分配。

月末在产品和完工产品之间费用的分配采用约当产量法,原材料在第一道工序开始时一次性投入,直接人工费用和制造费用的完工程度分工序按定额生产工时计算,月末在产品在本工序的完工程度均为50%。

(10)公司所在地具有活跃的房地产市场,房地产公允价值能够可靠计量,投资性房地产采用公允价值模式计量。

(11)未列明的其他会计事项,公司根据现行《企业会计准则》的相关规定处理。

(12)会计分录中涉及的明细科目以系统内置的为准,所有凭证的科目金额不能以负数表示。

公司期初余额表如表3所示。

表3

期初余额表

科目名称	科目代码	初始建账余额 借	初始建账余额 贷	累计借方	累计贷方	期初余额 借	期初余额 贷	余额数量	余额单价
库存现金	1001	27 276	0	30 000	48 007.36	9 268.64	0		
银行存款	1002	1 248 200	0	5 820 912	5 679 623.84	1 389 488.16	0		
交通银行北京朝阳支行	100201	1 107 400	0	5 783 656	5 674 367.84	1 216 688.16	0		
交通银行北京东城支行	100202	140 800	0	37 256	5 256	172 800	0		
其他货币资金	1012	500 000	0	430 000	550 000	380 000	0		
存出投资款	101201	500 000	0	430 000	550 000	380 000	0		
交易性金融资产	1101	130 000	0	550 000	130 000	550 000	0		
海宁皮城	110101	130 000	0	0	0	0	0		
成本	11010101	120 000	0	0	120 000	0	0		
公允价值变动	11010102	10 000	0	0	10 000	0	0		
紫花药业	110102	0	0	550 000	0	550 000	0		
成本	11010201	0	0	550 000	0	550 000	0		
公允价值变动	11010202	0	0	0	0	0	0		
科大智能	110103	0	0	0	0	0	0		
成本	11010301	0	0	0	0	0	0		
应收票据	1121	900 000	0	2 250 000	1 150 000	2 000 000	0		
北京新世界百货有限公司	112101	500 000	0	250 000	750 000	0	0		
北京非莫斯皮具有限公司	112102	400 000	0	0	400 000	0	0		
北京乐亭皮具商贸有限公司	112103	0	0	800 000	0	800 000	0		
北京东方爱格皮具服饰有限公司	112104	0	0	500 000	0	500 000	0		
北京市王府井百货有限公司	112105	0	0	700 000	0	700 000	0		

(续表)

科目名称	科目代码	初始建账余额 借	初始建账余额 贷	累计借方	累计贷方	期初余额 借	期初余额 贷	余额数量	余额单价
应收账款	1122	3 933 816.06	0	7 126 000	5 733 816.06	5 326 000	0		
北京乐亭皮具商贸有限公司	112201	1 400 000	0	2 200 000	2 400 000	1 200 000	0		
北京东方爱格皮革服饰有限公司	112202	1 000 000	0	1 800 000	1 700 000	1 100 000	0		
北京鸿丰皮具有限公司	112203	200 000	0	0	0	200 000	0		
北京金旗世家皮具有限公司	112204	810 000	0	500 000	810 000	500 000	0		
北京香奈皮皮有限公司	112205	0	100 000	426 000	0	326 000	0		
北京施贝嘉皮皮具有限公司	112206	0	0	500 000	0	500 000	0		
北京市王府井百货有限公司	112207	623 816.06	0	1 200 000	823 816.06	1 000 000	0		
天津市中汇皮具有限公司	112208	0	0	500 000	0	500 000	0		
广州巴黎春天百贸有限公司	112209	0	0	0	0	0	0		
预付账款	1123	0	50 000	100 000	50 000	0	0		
北京飞扬五金有限公司	112301	50 000	0	0	0	0	0		
北京奇形五金配件有限公司	112302	0	100 000	100 000	0	0	0		
北京蜜蜂装修有限公司	112303	0	0	0	0	0	0		
北京华兴会计师事务所	112304	0	0	0	0	0	0		
应收股利	1131	0	0	0	0	0	0		
应收利息	1132	0	0	0	0	0	0		
其他应收款	1221	13 000	0	0	5 500	7 500	0		
张勇	122101	5 000	0	0	2 500	2 500	0		
邓伟丰	122102	8 000	0	0	3 000	5 000	0		
坏账准备	1231	0	7 200	0	0	0	7 200		

(续表)

科目名称	科目代码	初始建账余额 借	初始建账余额 贷	累计借方	累计贷方	期初余额 借	期初余额 贷	余额数量	余额单价
应收账款	123101	0	7 200	0	0	0	7 200		
材料采购	1401	0	0	0	0	0	0		
在途物资	1402	0	0	0	0	0	0		
原材料	1403	1 152 300	0	3 605 055.78	4 010 055.78	747 300	0		
荔纹头层牛皮	140301	606 000	0	1 444 237.59	1 834 237.59	216 000	0	12 000	18
树皮纹头层牛皮	140302	450 000	0	1 900 363.64	1 910 363.64	440 000	0	20 000	22
里布	140303	46 000	0	122 545.45	134 545.45	34 000	0	6 800	5
3#拉头	140304	4 500	0	6 363.64	6 363.64	4 500	0	15 000	0.30
5#拉头	140305	7 500	0	8 727.27	8 727.27	7 500	0	15 000	0.50
3#拉链	140306	7 200	0	9 363.64	9 363.64	7 200	0	2 000	3.60
5#拉链	140307	10 000	0	10 654.55	10 654.55	10 000	0	2 000	5
D字扣	140308	7 000	0	48 545.45	41 545.45	14 000	0	7 000	2
日字扣	140309	7 500	0	32 000	29 000	10 500	0	2 100	5
肩带	140310	6 600	0	22 254.55	25 254.55	3 600	0	2 000	1.80
材料成本差异	1404	0	0	0	0	0	0		
库存商品	1405	1 907 859.37	0	6 612 112.37	6 922 691.74	1 597 280	0		
H113 单肩女包	140501	468 876.90	0	1 427 389.60	1 585 866.50	310 400	0	970	320
H213 挎包	140502	514 286.37	0	1 517 129.08	1 734 415.45	297 000	0	900	330
M115 大号背包	140503	623 136.09	0	1 694 671.10	1 807 807.19	510 000	0	850	600
M215 中号背包	140504	301 560.01	0	1 972 922.59	1 794 602.60	479 880	0	860	558
发出商品	1406	0	0	0	0	0	0		

(续表)

科目名称	科目代码	初始建账余额 借	初始建账余额 贷	累计借方	累计贷方	期初余额 借	期初余额 贷	余额数量	余额单价
商品进销差价	1407	0	0	0	0	0	0		
委托加工物资	1408	0	0	0	0	0	0		
周转材料	1411	5 000	0	140 846	125 846	20 000	0		
纸袋	141101	5 000	0	25 610	10 610	20 000	0	10 000	2
存货跌价准备	1471	0	0	0	0	0	0		
合同资产	1472	0	0	0	0	0	0		
合同资产减值准备	1473	0	0	0	0	0	0		
持有待售资产	1481	0	0	0	0	0	0		
持有待售资产减值准备	1482	0	0	0	0	0	0		
债权投资	1501	0	0	0	0	0	0		
债权投资减值准备	1502	0	0	0	0	0	0		
其他债权投资	1503	0	0	0	0	0	0		
长期股权投资	1511	600 000	0	0	0	600 000	0		
北京市奇特机械设备有限公司	151101	600 000	0	0	0	600 000	0		
成本	15110101	450 000	0	0	0	450 000	0		
损益调整	15110102	50 000	0	0	0	50 000	0		
其他综合收益	15110103	100 000	0	0	0	100 000	0		
长期股权投资减值准备	1512	0	0	0	0	0	0		
其他权益工具投资	1513	0	0	0	0	0	0		
投资性房地产	1521	0	0	0	0	0	0		
成本	152101	0	0	0	0	0	0		

(续表)

科目名称	科目代码	初始建账余额 借	初始建账余额 贷	累计借方	累计贷方	期初余额 借	期初余额 贷	余额数量	余额单价
公允价值变动	152102	0	0	0	0	0	0		
投资性房地产累计折旧	1522		0	0	0		0		
投资性房地产减值准备	1523		0	0	0		0		
长期应收款	1531		0	0	0		0		
未实现融资收益	1532		0	0	0		0		
固定资产	1601	4 468 600		0	0	4 468 600			
房屋建筑物	160101	3 000 000		0	0	3 000 000			
生产设备	160102	1 064 000		0	0	1 064 000			
运输设备	160103	256 600		0	0	256 600			
管理设备	160104	148 000		0	0	148 000			
累计折旧	1602		1 299 136	0	45 760		1 344 896		
房屋建筑物	160201		508 800	0	24 000		532 800		
生产设备	160202		425 600	0	17 024		442 624		
运输设备	160203		246 336	0	0		246 336		
管理设备	160204		118 400	0	4 736		123 136		
固定资产减值准备	1603		0	0	0		0		
在建工程	1604	0		0	0	0			
2#厂房	160401	0		0	0	0			
勘察费	16040101	0		0	0	0			
设计费	16040102	0		0	0	0			
材料费	16040103	0		0	0	0			

(续表)

科目名称	科目代码	初始建账余额 借	初始建账余额 贷	累计借方	累计贷方	期初余额 借	期初余额 贷	余额数量	余额单价
利息费用	16040104	0	0	0	0	0	0		
设备	160402	0	0	0	0	0	0		
工程物资	1605	0	0	0	0	0	0		
固定资产清理	1606	0	0	0	0	0	0		
生产性生物资产	1621	0	0	0	0	0	0		
生产性生物资产累计折旧	1622	0	0	0	0	0	0		
油气资产	1631	0	0	0	0	0	0		
累计折耗	1632	0	0	0	0	0	0		
使用权资产	1641	0	0	0	0	0	0		
无形资产	1701	2 950 000	0	0	0	2 950 000	0		
土地使用权 A	170101	2 100 000	0	0	0	2 100 000	0		
商标权	170102	500 000	0	0	0	500 000	0		
自主研发（非专利技术）	170103	350 000	0	0	0	350 000	0		
累计摊销	1702	0	585 833.42	0	25 833.34	0	611 666.76		
土地使用权 A	170201	0	297 499.83	0	11 666.66	0	309 166.49		
商标权	170202	0	212 500.17	0	8 333.34	0	220 833.51		
自主研发（非专利技术）	170203	0	75 833.42	0	5 833.34	0	81 666.76		
无形资产减值准备	1703	0	0	0	0	0	0		
商誉	1711	0	0	0	0	0	0		
长期待摊费用	1801	0	0	0	0	0	0		
递延所得税资产	1811	612 388.93	0	0	0	612 388.93	0		

(续表)

科目名称	科目代码	初始建账余额 借	初始建账余额 贷	累计借方	累计贷方	期初余额 借	期初余额 贷	余额数量	余额单价
应收账款	181101	2 155	0	0	0	2 155	0		
可弥补亏损	181102	610 233.93	0	0	0	610 233.93	0		
待处理财产损溢	1901	0	0	0	0	0	0		
短期借款	2001	0	1 000 000	0	0	0	1 000 000		
交通银行北京朝阳支行	200101	0	1 000 000	0	0	0	1 000 000		
交易性金融负债	2101	0	0	0	0	0	0		
应付票据	2201	0	0	0	0	0	0		
应付账款	2202	0	2 519 233.93	2 396 600	1 472 600	0	1 595 233.93		
北京汉森皮革贸易有限公司	220201	0	2 169 233.93	1 878 600	1 234 600	0	1 525 233.93		
北京市金洲五金有限公司	220202	0	250 000	390 000	200 000	0	60 000		
北京市春花丝印有限公司	220203	0	100 000	128 000	38 000	0	10 000		
北京市德润实业有限公司	220204	0	0	0	0	0	0		
北京正阳实业有限公司	220205	0	0	0	0	0	0		
预收账款	2203	0	0	0	0	0	0		
北京博深皮具有限公司	220301	0	0	0	0	0	0		
合同负债	2204	0	0	0	0	0	0		
应付职工薪酬	2211	0	518 297.92	2 131 876.58	2 155 379.74	0	541 801.08		
短期薪酬	221101	0	518 297.92	1 897 523.78	1 921 026.94	0	541 801.08		
工资	22110101	0	505 759.70	1 132 516.80	1 154 995.78	0	528 238.68		
医疗保险	22110102	0	0	127 828.80	127 828.80	0	0		
工伤保险	22110103	0	0	2 367.20	2 367.20	0	0		

(续表)

科目名称	科目代码	初始建账余额 借	初始建账余额 贷	累计借方	累计贷方	期初余额 借	期初余额 贷	余额数量	余额单价
生育保险	22110104	0	0	0	0	0	0		
住房公积金	22110105	0	0	142 032	142 032	0	0		
工会经费	22110106	0	12 538.22	24 073.38	25 097.56	0	13 562.40		
职工福利费	22110107	0	0	0	0	0	0		
职工教育经费	22110108	0	0	234 352.80	234 352.80	0	0		
离职后福利	221102	0	0	224 884	224 884	0	0		
养老保险	22110201	0	0	9 468.80	9 468.80	0	0		
失业保险	22110202	0	486 101.17	939 880.44	620 720.51	0	166 941.24		
应交税费	2221	0	0	0	0	0	0		
应交增值税	222101	23 201 684.10	0	771 554.81	0	23 973 238.91	0		
进项税额	22210101	0	0	0	0	0	0		
销项税额抵减	22210102	0	0	0	0	0	0		
已交税金	22210103	4 698 252.54	0	546 983.54	0	5 245 236.08	0		
转出未交增值税	22210104	0	0	0	0	0	0		
减免税款	22210105	0	0	0	0	0	0		
出口抵减内销产品应纳税额	22210106	0	0	0	0	0	0		
销项税额	22210107	0	27 899 936.64	0	1 318 538.35	0	29 218 474.99		
出口退税	22210108	0	0	0	0	0	0		
进项税额转出	22210109	0	0	0	0	0	0		
转出多交增值税	22210110	0	0	0	0	0	0		
未交增值税	222102	0	158 900	559 648.54	546 983.54	0	146 235		

(续表)

科目名称	科目代码	初始建账余额 借	初始建账余额 贷	累计借方	累计贷方	期初余额 借	期初余额 贷	余额数量	余额单价
预交增值税	222103	0	0	0	0	0	0		
待抵扣进项税额	222104	0	0	0	0	0	0		
待认证进项税额	222105	0	0	0	0	0	0		
待转销项税额	222106	0	0	0	0	0	0		
简易计税	222107	0	0	0	0	0	0		
转让金融商品应交增值税	222108	0	0	577.36	577.36	0	0		
代扣代交增值税	222109	0	0	0	0	0	0		
应交所得税	222110	0	303 671.17	303 671.17	0	0	0		
应交消费税	222111	0	0	0	0	0	0		
应交资源税	222112	0	0	0	0	0	0		
应交土地增值税	222113	0	0	0	0	0	0		
应交城市维护建设税	222114	0	11 123	39 215.81	38 329.26	0	10 236.45		
应交教育费附加	222115	0	4 767	16 806.78	16 426.83	0	4 387.05		
应交地方教育费附加	222116	0	3 178	11 204.52	10 951.22	0	2 924.70		
应交房产税	222117	0	0	0	0	0	0		
应交土地使用税	222118	0	0	0	0	0	0		
应交车船税	222119	0	0	0	0	0	0		
应交个人所得税	222120	0	4 462	8 756.26	7 452.30	0	3 158.04		
应付利息	2231	0	0	0	0	0	0		
应付股利	2232	0	20 000	20 000	20 000	0	20 000		
其他应付款	2241	0	0	0	0	0	0		

(续表)

科目名称	科目代码	初始建账余额 借	初始建账余额 贷	累计借方	累计贷方	期初余额 借	期初余额 贷	余额数量	余额单价
北京博深皮具有限公司	224101	0	0	0	0	0	0		
持有待售负债	2251	0	0	0	0	0	0		
递延收益	2401	0	0	0	0	0	0		
长期借款	2501	0	0	0	0	0	0		
应付债券	2502	0	0	0	0	0	0		
租赁负债	2503	0	0	0	0	0	0		
长期应付款	2701	0	0	0	0	0	0		
未确认融资费用	2702	0	0	0	0	0	0		
专项应付款	2711	0	0	0	0	0	0		
预计负债	2801	0	0	0	0	0	0		
递延所得税负债	2901	0	0	0	0	0	0		
衍生工具	3101	0	0	0	0	0	0		
实收资本	4001	0	12 000 000	0	0	0	12 000 000		
资本公积	4002	0	0	0	0	0	0		
资本溢价	400201	0	0	0	0	0	0		
其他资本公积	400202	0	0	0	0	0	0		
其他综合收益	4003	0	100 000	0	0	0	100 000		
盈余公积	4101	0	123 816.06	0	0	0	123 816.06		
法定盈余公积	410101	0	123 816.06	0	0	0	123 816.06		
本年利润	4103	0	0	0	2 503 885.09	0	2 503 885.09		
利润分配	4104	0	1 114 344.52	0	0	0	1 114 344.52		

(续表)

科目名称	科目代码	初始建账余额 借	初始建账余额 贷	累计借方	累计贷方	期初余额 借	期初余额 贷	余额数量	余额单价
未分配利润	410401	0	1 114 344.52	0	0	0	1 114 344.52		
提取法定盈余公积	410402	0	0	0	0	0	0		
库存股	4201	0	0	0	0	0	0		
专项储备	4301	0	0	0	0	0	0		
其他权益工具	4401	0	0	0	0	0	0		
生产成本	5001	1 355 522.66	0	5 561 383.46	6 612 112.37	304 793.75	0		
H113 单肩女包	500101	286 083.34	0	1 199 188.01	1 427 389.60	57 881.75	0		
直接材料	50010101	214 562.50	0	845 160.23	1 012 080.73	47 642	0		
直接人工	50010102	57 216.67	0	301 210.67	350 299.09	8 128.25	0		
制造费用	50010103	14 304.17	0	52 817.11	65 009.78	2 111.50	0		
H213 挎包	500102	312 750	0	1 291 613.08	1 517 129.08	87 234	0		
直接材料	50010201	234 562.50	0	929 441.54	1 094 554.04	69 450	0		
直接人工	50010202	62 550	0	303 746.83	352 016.83	14 280	0		
制造费用	50010203	15 637.50	0	58 424.71	70 558.21	3 504	0		
M115 大号背包	500103	385 056	0	1 391 705.60	1 694 671.10	82 090.50	0		
直接材料	50010301	288 792	0	1 017 502.86	1 237 996.86	68 298	0		
直接人工	50010302	77 011.20	0	313 250.10	379 843.80	10 417.50	0		
制造费用	50010303	19 252.80	0	60 952.64	76 830.44	3 375	0		
M215 中号背包	500104	371 633.32	0	1 678 876.77	1 972 922.59	77 587.50	0		
直接材料	50010401	278 725	0	1 210 381.10	1 424 186.10	64 920	0		
直接人工	50010402	74 326.67	0	394 748.53	459 205.20	9 870	0		

(续表)

科目名称	科目代码	初始建账余额 借	初始建账余额 贷	累计借方	累计贷方	期初余额 借	期初余额 贷	余额数量	余额单价
制造费用	50010403	18 581.65	0	73 747.14	89 531.29	2 797.50	0		
制造费用	5101	0	0	238 569.60	238 569.60	0	0		
职工薪酬	510101	0	0	153 587.60	153 587.60	0	0		
职工教育经费	510102	0	0	4 066	4 066	0	0		
水电费	510103	0	0	51 092	51 092	0	0		
折旧费	510104	0	0	29 824	29 824	0	0		
设计费	510105	0	0	7 372	7 372	0	0		
劳务成本	5201	0	0	0	0	0	0		
研发支出	5301	0	0	173 340.50	6 175.30	167 165.20	0		
费用化支出	530101	0	0	6 175.30	6 175.30	0	0		
资本化支出	530102	0	0	167 165.20	0	167 165.20	0		
工程施工	5401	0	0	0	0	0	0		
工程结算	5402	0	0	0	0	0	0		
机械作业	5403	0	0	0	0	0	0		
应收退货货成本	5404	0	0	0	0	0	0		
合同履约成本	5405	0	0	0	0	0	0		
合同履约成本减值准备	5406	0	0	0	0	0	0		
合同取得成本	5407	0	0	0	0	0	0		
合同取得成本减值准备	5408	0	0	0	0	0	0		
主营业务收入	6001	0	0	10 142 602.67	10 142 602.67	0	0		
H113单育女包	600101	0	0	2 301 333.08	2 301 333.08	0	0		

(续表)

科目名称	科目代码	初始建账余额 借	初始建账余额 贷	累计借方	累计贷方	期初余额 借	期初余额 贷	余额数量	余额单价
H213 挎包	600102	0	0	2 560 639.15	2 560 639.15	0	0		
M115 大号背包	600103	0	0	2 673 549.52	2 673 549.52	0	0		
M215 中号背包	600104	0	0	2 607 080.92	2 607 080.92	0	0		
其他业务收入	6051	0	0	0	0	0	0		
公允价值变动损益	6101	0	0	0	0	0	0		
投资收益	6111	0	0	1 177.60	1 177.60	0	0		
债务重组损益	611101	0	0	1 177.60	1 177.60	0	0		
出售金融资产损益	611102	0	0	0	0	0	0		
交易手续费	611103	0	0	0	0	0	0		
其他收益	611104	0	0	0	0	0	0		
出售股权收益	611105	0	0	0	0	0	0		
资产处置损益	6112	0	0	0	0	0	0		
其他收益	6113	0	0	0	0	0	0		
营业外收入	6301	0	0	0	0	0	0		
主营业务成本	6401	0	0	6 922 691.74	6 922 691.74	0	0		
H113 单肩女包	640101	0	0	1 585 866.50	1 585 866.50	0	0		
H213 挎包	640102	0	0	1 734 415.45	1 734 415.45	0	0		
M115 大号背包	640103	0	0	1 807 807.19	1 807 807.19	0	0		
M215 中号背包	640104	0	0	1 794 602.60	1 794 602.60	0	0		
其他业务成本	6402	0	0	0	0	0	0		
税金及附加	6403	0	0	65 707.31	65 707.31	0	0		

(续表)

科目名称	科目代码	初始建账余额 借	初始建账余额 贷	累计借方	累计贷方	期初余额 借	期初余额 贷	余额数量	余额单价
城市维护建设税	640301	0	0	38 329.26	38 329.26	0	0		
教育费附加	640302	0	0	16 426.83	16 426.83	0	0		
地方教育费附加	640303	0	0	10 951.22	10 951.22	0	0		
销售费用	6601	0	0	243 251.31	243 251.31	0	0		
职工薪酬	660101	0	0	185 516	185 516	0	0		
职工教育经费	660102	0	0	3 000	3 000	0	0		
业务宣传费	660103	0	0	27 644.80	27 644.80	0	0		
运费	660104	0	0	14 791.51	14 791.51	0	0		
水电费	660105	0	0	889	889	0	0		
折旧费	660106	0	0	800	800	0	0		
包装物	660107	0	0	10 610	10 610	0	0		
管理费用	6602	0	0	375 766.12	375 766.12	0	0		
职工薪酬	660201	0	0	269 613.60	269 613.60	0	0		
职工教育经费	660202	0	0	8 000	8 000	0	0		
办公费	660203	0	0	3 500	3 500	0	0		
通讯费	660204	0	0	3 200	3 200	0	0		
维修费	660205	0	0	3 890	3 890	0	0		
业务招待费	660206	0	0	5 600	5 600	0	0		
差旅费	660207	0	0	8 520	8 520	0	0		
车辆费用	660208	0	0	8 500	8 500	0	0		
水电费	660209	0	0	4 961.88	4 961.88	0	0		

(续表)

科目名称	科目代码	初始建账余额 借	初始建账余额 贷	累计借方	累计贷方	期初余额 借	期初余额 贷	余额数量	余额单价
折旧费	660210	0	0	13 056	13 056	0	0		
无形资产摊销	660211	0	0	25 833.34	25 833.34	0	0		
盈亏	660212	0	0	0	0	0	0		
研发支出	660213	0	0	6 175.30	6 175.30	0	0		
审计费	660214	0	0	14 916	14 916	0	0		
财务费用	6603	0	0	20 123.50	20 123.50	0	0		
手续费	660301	0	0	123.50	123.50	0	0		
利息收入	660302	0	0	0	0	0	0		
利息支出	660303	0	0	20 000	20 000	0	0		
现金折扣	660304	0	0	0	0	0	0		
勘探费用	6604	0	0	0	0	0	0		
资产减值损失	6701	0	0	0	0	0	0		
信用减值损失	6702	0	0	0	0	0	0		
营业外支出	6711	0	0	10 000	10 000	0	0		
所得税费用	6801	0	0	0	0	0	0		
以前年度损益调整	6901	0	0	0	0	0	0		

二、任务列表

任务1:提现备用——签发现金支票(01出纳岗位和03审核会计岗位)

任务2:票据贴现(01出纳岗位和03审核会计岗位)

任务3:支付广告费——签发转账支票(01出纳岗位和03审核会计岗位)

任务4:支付广告费——填制进账单(01出纳岗位)

任务5:(单据整理,业务4)销售中心办公室搬迁运费(01出纳岗位和03审核会计岗位)

任务6:(单据整理,业务5)收到货款(01出纳岗位和03审核会计岗位)

任务7:(单据整理,业务7)报销招待费(01出纳岗位和03审核会计岗位)

任务8:(单据整理,业务9)收到货款(01出纳岗位和03审核会计岗位)

任务9:(单据整理,业务14)支付材料款(01出纳岗位和03审核会计岗位)

任务10:(单据整理,业务15)购入固定资产(01出纳岗位和03审核会计岗位)

任务11:(单据整理,业务29)支付丝印费(01出纳岗位和03审核会计岗位)

任务12:创建账套(04会计主管岗位)

任务13:(业务1)提取备用金(03审核会计岗位)

任务14:(业务2)支付车间设计制图费(02成本会计岗位)

任务15:(业务3)材料采购(03审核会计岗位)

任务16:(自动生成记账凭证,业务4)销售中心办公室搬迁运费(03审核会计岗位)

任务17:(自动生成记账凭证,业务5)收到货款(03审核会计岗位)

任务18:(业务6)出售交易性金融资产(03审核会计岗位)

任务19:(自动生成记账凭证,业务7)报销招待费(03审核会计岗位)

任务20:(业务8)支付2号厂房勘察费(03审核会计岗位)

任务21:(自动生成记账凭证,业务9)收到货款(03审核会计岗位)

任务22:(业务10)收到银行承兑汇票(03审核会计岗位)

任务23:(业务11)购入股票(03审核会计岗位)

任务24:(业务12)销售商品(03审核会计岗位)

任务25:(业务13)报销差旅费(03审核会计岗位)

任务26:(自动生成记账凭证,业务14)支付材料款(03审核会计岗位)

任务27:(自动生成记账凭证,业务15)购入固定资产(03审核会计岗位)

任务28:(业务16)固定资产验收入库(03审核会计岗位)

任务29:(业务17)预付审计费(03审核会计岗位)

任务30:(业务18)报销研发费用(03审核会计岗位)

任务31:(业务19)购入辅助材料(03审核会计岗位)

任务32:(业务20)购入五金材料(03审核会计岗位)

任务33：(业务21)债务重组(03审核会计岗位)

任务34：(业务22)中央空调安装验收(03审核会计岗位)

任务35：(业务23)发放上月工资(03审核会计岗位)

任务36：(业务24)缴纳住房公积金(03审核会计岗位)

任务37：(业务25)缴纳社会保险(03审核会计岗位)

任务38：(业务26)拨缴上月工会经费(03审核会计岗位)

任务39：(业务27)缴纳税费(03审核会计岗位)

任务40：(业务28)收到货款(03审核会计岗位)

任务41：(自动生成记账凭证，业务29)支付丝印费(03审核会计岗位)

任务42：(业务30)预付装修款(03审核会计岗位)

任务43：(业务31)收到员工罚款(03审核会计岗位)

任务44：(业务32)报销车辆加油费(03审核会计岗位)

任务45：(业务33)销售商品(03审核会计岗位)

任务46：(业务34)支付厂房设计费(03审核会计岗位)

任务47：(业务35)票据贴现(03审核会计岗位)

任务48：(业务36)支付销售中心办公室搬迁运费(03审核会计岗位)

任务49：(业务37)支付职工培训费(03审核会计岗位)

任务50：(业务38)收到存款利息(03审核会计岗位)

任务51：(业务39)购入工程物资(03审核会计岗位)

任务52：(业务40)支付广告费(03审核会计岗位)

任务53：(业务41)支付通信费(03审核会计岗位)

任务54：(业务42)设备维修费(03审核会计岗位)

任务55：(业务43)出售股权(03审核会计岗位)

任务56：(业务44)结转其他综合收益(03审核会计岗位)

任务57：(业务45)捐赠支出(03审核会计岗位)

任务58：(业务46)销售商品(03审核会计岗位)

任务59：(业务47)购买办公用品(03审核会计岗位)

任务60：(业务48)无形资产摊销(03审核会计岗位)

任务61：(业务49)计提3月份借款利息(03审核会计岗位)

任务62：(业务50)支付一季度借款利息(03审核会计岗位)

任务63：个人所得税计算表(03审核会计岗位)

任务64：(业务51)计提个人所得税(03审核会计岗位)

任务65：职工薪酬分配表(02成本会计岗位)

任务66：(业务52)分配职工薪酬(02成本会计岗位)

任务67:(业务53)分配职工教育经费(02成本会计岗位)

任务68:外购水费分配表(02成本会计岗位)

任务69:(业务54)支付并分配水费(02成本会计岗位)

任务70:外购电费分配表(02成本会计岗位)

任务71:(业务55)支付并分配电费(02成本会计岗位)

任务72:固定资产折旧计算表(02成本会计岗位)

任务73:(业务56)计提折旧(02成本会计岗位)

任务74:(业务57)闲置办公楼转出租(03核算会计岗位)

任务75:发出材料单位成本计算表(02成本会计岗位)

任务76:发出材料汇总表(02成本会计岗位)

任务77:生产车间材料费用分配表(02成本会计岗位)

任务78:(业务58)结转本月领用原材料成本(02成本会计岗位)

任务79:制造费用分配表(02成本会计岗位)

任务80:(业务59)分配本月制造费用(02成本会计岗位)

任务81:期末在产品约当产量计算表(02成本会计岗位)

任务82:产品成本计算单(02成本会计岗位)

任务83:(业务60)结转本月完工产品成本(02成本会计岗位)

任务84:销售成本计算表(03审核会计岗位)

任务85:(业务61)结转本月销售成本(03审核会计岗位)

任务86:(业务62)结转销售发出包装物(03审核会计岗位)

任务87:(业务63)存货盘点(03审核会计岗位)

任务88:(业务64)存货盘点批准处理(03审核会计岗位)

任务89:(业务65)计提金融交易增值税(03审核会计岗位)

任务90:未交增值税计算表(03审核会计岗位)

任务91:(业务66)转出未交增值税(03审核会计岗位)

任务92:应交城市维护建设税与教育费附加计算表(03审核会计岗位)

任务93:(业务67)计提城市维护建设税及教育费附加(03审核会计岗位)

任务94:(业务68)结转研发支出(03审核会计岗位)

任务95:(业务69)计提一季度企业所得税(03审核会计岗位)

任务96:成本分析(02成本会计岗位)

任务97:网银支付勘察费(审核出纳任务)(01出纳岗位和04会计主管岗位)

任务98:网银支付销售中心办公室搬迁运费(审核出纳任务)(01出纳岗位和04会计主管岗位)

任务99:网银支付职工培训费(审核出纳任务)(01出纳岗位和04会计主管岗位)

任务 100:网银支付设备维修费(01 出纳岗位和 04 会计主管岗位)

任务 101:增值税及附加税费申报(04 会计主管岗位)

任务 102:年度所得税纳税申报(04 会计主管岗位)

任务 103:计算净收益(04 会计主管岗位)

任务 104:选择方案(04 会计主管岗位)

第二章　分岗位实训

岗位一　01 出纳岗位

出纳岗位答案

岗位职责

出纳岗位负责支票签发、银行承兑汇票贴现、银行进账单填制、单据整理、网上电子支付等工作，涉及收付款记账凭证审核。

实训任务印章

法定代表人章。

出纳岗位任务序号

① ② ③ ④ ⑤
⑥ ⑦ ⑧ ⑨ ⑩
⑪ ㊉ ㊈㊇ ⑨⑨ ⑩⑩

一、填制原始凭证

任务 1：提现备用——签发现金支票

任务描述：1 日，提现备用，根据背景单据的提现申请书（任务 1-1）签发现金支票（任务 1-2，密码为 3255-1502-7708-6822）。

背景单据：提现申请单（任务 1-1）。

提示：现金支票正反面盖章（注：左边盖财务专用章、右边盖法定代表人章），正面出票日期（大写）和人民币（大写）注意填写规范（零壹贰叁肆伍陆柒捌玖拾佰仟万），收款人填单位全称，金额小写要填人民币小写符号￥，注意填写用途和密码。

现金支票领用登记簿

序号	领用日期	支票号码	领用人	用途	收款单位	批准人	销号

转账支票领用登记簿

序号	领用日期	支票号码	领用人	用途	收款单位	限额	批准人	销号

法定代表人章使用登记簿

序号	使用部门	经办人	使用日期	送往何处	审批人	出纳签字

网银支付授权审批表

序号	日期	项目	开户银行	银行账号	金额	审批人

任务 1-1

提现申请单
2020 年 03 月 01 日

收款单位	北京红星皮具有限公司		
地址	北京市朝阳区科技工业园158号	联系电话	010-59466497
收款人开户行	交通银行北京朝阳支行	开户账号	110002049052486154477
内容	提取备用金		
大写	人民币贰万元整	￥20000.00	

审批:邓伟丰　　　　审核:李春梅　　　　经办人:杨婷婷

任务 1-2

交通银行 现金支票存根
30102183
23097050

附加信息

出票日期　年　月　日
收款人:
金额:
用途:
单位主管　会计

交通银行　现金支票
30102183
23097050

出票日期（大写）　年　月　日　付款行名称:交通银行北京朝阳支行
收款人:　　　　　　　　　　　出票人账号:110002049052486154477

人民币（大写）　　　　　　　　亿千百十万千百十元角分

付款期限自出票之日起十天

用途:
上列款项请从
我账户内支付
出票人签章　　　　　　密码
　　　　　　　　　　　复核　　　记账

| 附加信息： | | （贴粘单处） | 根据《中华人民共和国票据法》等法律法规的规定，签发空头支票由中国人民银行处以票面金额5%但不低于1000元的罚款。 |

收款人签章
年　月　日

身份证件名称：　发证机关：
号码

任务 2：票据贴现

任务描述：20 日，办理银行承兑汇票贴现，根据背景单据的银行承兑汇票（任务 2-1）填制贴现凭证（任务 2-2）。

背景单据：银行承兑汇票（正面、反面，任务 2-1）。

提示：贴现凭证一式五联只填第一联，一次填制多联采用复写形式，只在第一联盖章（财务专用章、法定代表人章），贴现期（贴现日到到期日）计算方法是算头不算尾或算尾不算头。

任务 2-1

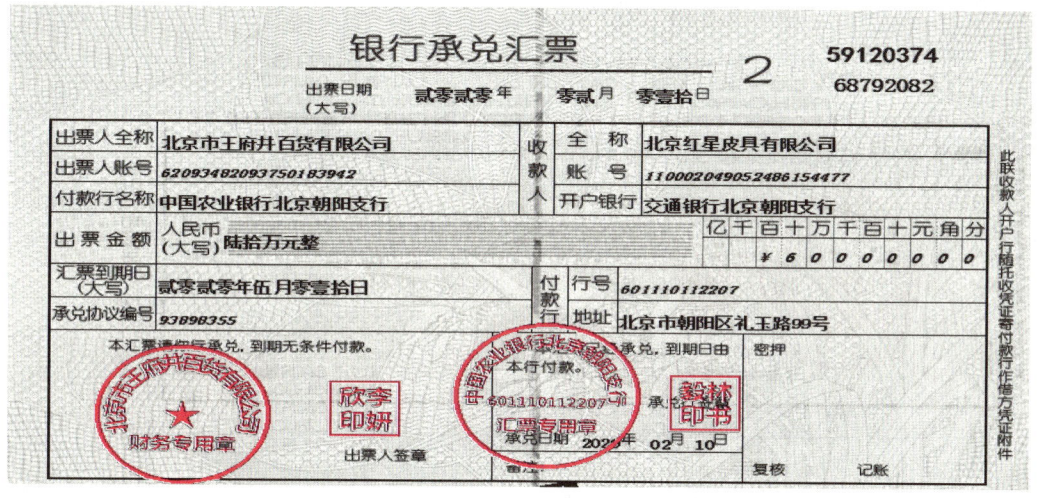

任务 2-2

被背书人 交通银行北京朝阳支行	被背书人	被背书人	（贴粘单处）
[北京红星皮具有限公司财务专用章印章] [丰邓印伟印章] 背书人签章 2020 年 03 月 20 日	背书人签章 年 月 日	背书人签章 年 月 日	

任务3：支付广告费——签发转账支票

任务描述：21日，支付广告费，根据背景单据的付款申请书(任务3-1)签发转账支票(任务3-2，支付密码为1155-6526-3977-8622，出纳填写转账支票)。

背景单据：付款申请书(任务3-1)。

任务3-1

用途及情况	金额										收款单位(人)：北京飞扬广告有限公司
支付广告费	亿	千	百	十	万	千	百	十	元	角	分	账号：11000206905783326902
				¥	3	1	8	0	0	0	0	开户行：交通银行北京朝阳支行
金额(大写)合计：	人民币 叁万壹仟捌佰元整										结算方式：转账
总经理 邓伟丰	财务部门	经理	李春梅				业务部门	经理	张凤鸾
		会计	王秀玲					经办人	张勇

付款申请书
2020年03月21日

任务3-2

交通银行 转账支票存根
30108020
00023338

附加信息

出票日期　年　月　日
收款人：
金额：
用途：
单位主管　　会计

交通银行 转账支票
30108020
00023338

出票日期(大写)　　年　月　日　付款行名称：交通银行北京朝阳支行
收款人：　　　　　　　　　　　　　出票人账号：11000204905248615 4477
人民币(大写)　　　　　　　　　　亿千百十万千百十元角分

付款期限自出票之日起十天

用途：
上列款项请从
我账户内支付
出票人签章　　　　　　　密码
　　　　　　　　　　　　行号
　　　　　　　　　　　　复核　　记账

附加信息：	被背书人	被背书人	（贴粘单处）	根据《中华人民共和国票据法》等法律法规的规定，签发空头支票由中国人民银行处以票面金额5‰但不低于1000元的罚款。
XXXXXXXX公司 XXXX年[月缺]	背书人签章 年 月 日	背书人签章 年 月 日		

任务 4:支付广告费——填制进账单

任务描述:21日,承任务3,支付广告费,填制进账单(任务4-1)。

提示:进账单一式三联,只填回单联,一次填制多联采用复写形式,无需签章,票据种类填转账支票,票据号码在转账支票第二行。

任务 4-1

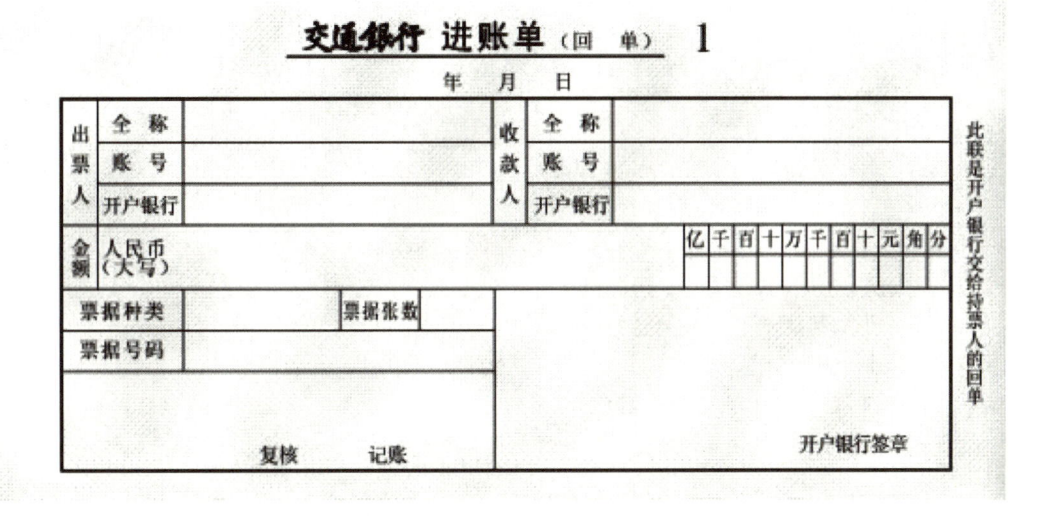

交通银行 进账单(回 单) 1			
	年 月 日		
出票人	全称	收款人	全称
	账号		账号
	开户银行		开户银行
金额	人民币(大写)	亿千百十万千百十元角分	
票据种类		票据张数	
票据号码			
	复核 记账	开户银行签章	

此联是开户银行交给持票人的回单

二、整理原始凭证

任务 5:(单据整理,业务 4)销售中心办公室搬迁运费

任务描述:3日,收到北京市德润物流有限公司运费发票,整理相关单据。

任务 6:(单据整理,业务 5)收到货款

任务描述:3日,收到天津市中汇皮具有限公司货款并存入银行,整理相关单据。

任务 7:(单据整理,业务 7)报销招待费

任务描述:4日,报销招待费,整理相关单据。

任务 8:(单据整理,业务 9)收到货款

任务描述:5日,收到北京东方爱格皮具服饰有限公司货款,整理相关单据。

任务 9：(单据整理，业务 14)支付材料款

任务描述：10 日，支付北京汉森皮革贸易有限公司材料款，整理相关单据。

任务 10：(单据整理，业务 15)购入固定资产

任务描述：10 日，购入铲皮机未验收，整理相关单据。

任务 11：(单据整理，业务 29)支付丝印费

任务描述：16 日，支付北京市春花丝印有限公司丝印费，整理相关单据。

背景单据：报销申请单(任务 11-1)、增值税专用发票(任务 11-2)、银行电子回单凭证(任务 11-3)、增值税普通发票(任务 11-4)、银行电子回单凭证(任务 11-5)、银行电子回单凭证(任务 11-6)、银行电子回单凭证(任务 11-7)、银行电子回单凭证(任务 11-8)、增值税专用发票(任务 11-9)。

提示：系统平台中主管岗位要认真审核出纳岗位提交的这些任务，一经审核这些任务无法更改。

任务 11-1

报销申请单

填报日期：2020 年 03 月 04 日

姓名	张勇		所属部门	采购部	
报销项目	摘要			金额	备注
招待费				1500.00	现金付讫
合计				￥1500.00	
金额大写：⊗拾⊗万壹仟伍佰零拾零元零角零分					
报销人：张勇　部门审核：邓申　财务审核：李春梅　审批：邓伟丰					

任务 11-2

北京增值税专用发票

No 20546238

1101191130
1101191130
20546238

开票日期：2020年03月03日

密码区：02+408-7*85-13/<5/47-5-500-8+5+>16>**89980*-8-9+33434/53+411//385930-0-685999+231 54-1076-79-9*11087<2--29*5/

购买方	名称：北京红星皮具有限公司 纳税人识别号：91110106091156423B 地址、电话：北京市朝阳区科技工业园158号 010-59466497 开户行及账号：交通银行北京朝阳支行 110002049052486154477

货物或应税劳务、服务名称	规格型号	单位	数量	单价	金额	税率	税额
*运输服务*运费		次	1	21000.00	21000.00	9%	1890.00
合计					¥21000.00		¥1890.00

价税合计（大写）⊗ 贰万贰仟捌佰玖拾元整　　　（小写）¥22890.00

销售方	名称：北京市德润物流有限公司 纳税人识别号：911101085062125237 地址、电话：北京市房山区科技工业园256号 010-32831059 开户行及账号：交通银行北京海淀支行 110000374194209158543	起运地：北京市朝阳区科技工业园158号 到达地：广州市

收款人：李妍　　复核：　　开票人：（销售方：章）

任务 11-3

交通银行电子回单凭证

回单编号：818422353221　　　回单类型：网银业务　　　业务名称：
凭证种类：　　　　　　　　　凭证号码：　　　　　　借贷标志：贷记　　　回单格式码：S
账号：110002049052486154477　　开户行名称：交通银行北京朝阳支行
户名：北京红星皮具有限公司
对方账号：6222603864556672376　开户行名称：交通银行天津和平支行
对方户名：天津市中汇皮具有限公司
币种：CNY　　　　　金额：500000.00　　　金额大写：伍拾万元整
兑换信息：兑换信息　　币种：　　金额：0.00　　牌价：0.00　　币种：　　金额：0.00
摘要：
附加信息：

打印次数：0001　　　　　　记账日期：20200303　　　会计流水号：EEZ0000011933256
记账机构：010120003999　　经办柜员：EBB001　　　　记账柜员：EEZ000　　复核柜员：　　授权柜员：
打印机构：010120003999　　打印柜员：202000557519222　　　　　　　　　批次号：

任务 11-4

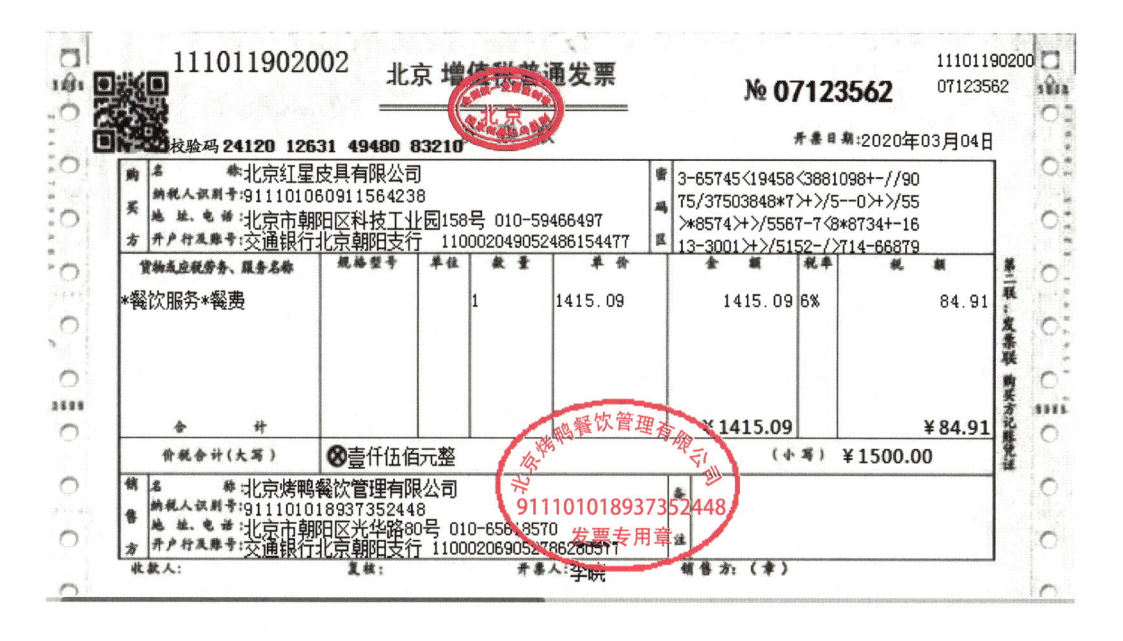

北京 增值税普通发票	№ 07123562
1110119020002	11101190200 07123562
校验码 24120 12631 49480 83210	开票日期：2020年03月04日

购买方	名称：北京红星皮具有限公司 纳税人识别号：91110106091154238 地址、电话：北京市朝阳区科技工业园158号 010-59466497 开户行及账号：交通银行北京朝阳支行 110002049052486154477	密码区	3-65745<19458<3881098+-//90 75/37503848*7>+>/5--0>+>/55 >*8574>+>/5567-7<8*8734+-16 13-3001>+>/5152-/>714-66879

货物或应税劳务、服务名称	规格型号	单位	数量	单价	金额	税率	税额
*餐饮服务*餐费			1	1415.09	1415.09	6%	84.91
合计					¥1415.09		¥84.91

价税合计（大写）	⊗壹仟伍佰元整	（小写） ¥1500.00

销售方	名称：北京烤鸭餐饮管理有限公司 纳税人识别号：91110101893735248 地址、电话：北京市朝阳区光华路80号 010-65618570 开户行及账号：交通银行北京朝阳支行 110002069052862805	

收款人： 复核： 开票人：李晓 销售方：（章）

任务 11-5

交通银行电子回单凭证

回单编号：818422357549	回单类型：网银业务	业务名称：
凭证种类：	凭证号码：	借贷标志：借记	回单格式码：S
账号：110002049052486154477	开户行名称：交通银行北京朝阳支行		
户名：北京红星皮具有限公司			
对方账号：464710121501232309918	开户行名称：建设银行北京群芳支行		
对方户名：北京市春花丝印有限公司			
币种：CNY	金额：10000.00	金额大写：壹万元整	
兑换信息：兑换信息	币种： 金额：0.00	牌价：0.00	币种： 金额：0.00
摘要：			
附加信息：			
打印次数：0001	记账日期：20200316	会计流水号：EEZ0000012032218	
记账机构：010120003999	经办柜员：EBB001	记账柜员：EEZ000	复核柜员：	授权柜员：
打印机构：010120003999	打印柜员：202000557519222	批次号：	

任务 11-6

交通银行电子回单凭证

回单编号：818422353234　　回单类型：网银业务　　　　　　　业务名称：
凭证种类：　　　　　　　　凭证号码：　　借贷标志：贷记　　回单格式码：S
账号：110002049052486154477　　开户行名称：交通银行北京朝阳支行
户名：北京红星皮具有限公司
对方账号：110000374198806754953　　开户行名称：交通银行北京海淀支行
对方户名：北京东方爱格皮具服饰有限公司
币种：CNY　　　　　金额：1100000.00　　金额大写：壹佰壹拾万元整　　币种：　　金额：0.00
兑换信息：兑换信息　　币种：　　金额：0.00　　牌价：0.00
摘要：
附加信息：

打印次数：0001　　　　记账日期：20200305　　会计流水号：EEZ0000011933562
记账机构：010120003999　经办柜员：EBB001　　记账柜员：EEZ000　复核柜员：　授权柜员：
打印机构：010120003999　打印柜员：202000557519222　批次号：

任务 11-7

交通银行电子回单凭证

回单编号：818422357124　　回单类型：网银业务　　　　　　　业务名称：
凭证种类：　　　　　　　　凭证号码：　　借贷标志：借记　　回单格式码：S
账号：110002049052486154477　　开户行名称：交通银行北京朝阳支行
户名：北京红星皮具有限公司
对方账号：110000374194209154567　　开户行名称：交通银行北京海淀支行
对方户名：北京汉森皮革贸易有限公司
币种：CNY　　　　　金额：1100000.00　　金额大写：壹佰壹拾万元整　　币种：　　金额：0.00
兑换信息：兑换信息　　币种：　　金额：0.00　　牌价：0.00
摘要：
附加信息：

打印次数：0001　　　　记账日期：20200310　　会计流水号：EEZ0000011932269
记账机构：010120003999　经办柜员：EBB001　　记账柜员：EEZ000　复核柜员：　授权柜员：
打印机构：010120003999　打印柜员：202000557519222　批次号：

任务 11-8

交通银行电子回单凭证

回单编号：818422357150	回单类型：网银业务	业务名称：
凭证种类：	凭证号码：	借贷标志：借记	回单格式码：S
账号：110002049052486154477	开户行名称：交通银行北京朝阳支行	
户名：北京红星皮具有限公司		
对方账号：110001930287462014599	开户行名称：交通银行北京长安支行	
对方户名：北京雅克机械设备有限公司		
币种：CNY	金额：339000.00	金额大写：叁拾叁万玖仟元整
兑换信息：兑换信息	币种：	金额：0.00	牌价：0.00	币种：	金额：0.00
摘要：		
附加信息：		
打印次数：0001	记账日期：20200310	会计流水号：EEZ000011932288
记账机构：010120003999	经办柜员：EBB001	记账柜员：EEZ000	复核柜员：	授权柜员：
打印机构：010120003999	打印柜员：202000557519222	批次号：

（交通银行北京分行业务受理章）

任务 11-9

北京增值税专用发票

发票代码：1101191130
发票号码：07123233
开票日期：2020年03月10日

购买方：
名称：北京红星皮具有限公司
纳税人识别号：911101060911564238
地址、电话：北京市朝阳区科技工业园158号 010-59466497
开户行及账号：交通银行北京朝阳支行 110002049052486154477

密码区：02+408-7*85-13/<5/47-5-506-8+5+)16>**89980*-8-9+33224/53+411//385930-0-685777+23154-1076-79-9*11087<2--29*5/

货物或应税劳务、服务名称	规格型号	单位	数量	单价	金额	税率	税额
*皮革专用设备*铲皮机		台	1	300000.00	300000.00	13%	39000.00
合　计					￥300000.00		￥39000.00

价税合计（大写）：⊗叁拾叁万玖仟元整　（小写）￥339000.00

销售方：
名称：北京雅克机械设备有限公司
纳税人识别号：911101018931337541
地址、电话：北京市东城区长安路56号 010-81139413
开户行及账号：交通银行北京长安支行 110001930287462014599

收款人：　　　复核：　　　开票人：张洺睾　　　销售方：（章）

（北京雅克机械设备有限公司发票专用章 1101018931337541）

三、网上银行

任务97：网银支付勘察费

任务描述：支付新建厂房勘察费［根据背景单据的付款申请书（任务97-1）在财务系统中模拟完成银行电子转账支付业务，通过一般户支付］。

背景单据：付款申请书（任务97-1）。

任务97-1

付款申请书

2020年03月05日

用途及情况	金额	收款单位(人)：北京昌华勘察设计有限公司
支付勘察费	亿 千 百 十 万 千 百 十 元 角 分 ¥ 1 5 9 0 0 0 0	账号：110002069057833262463 开户行：交通银行北京朝阳支行
金额（大写）合计：人民币壹万伍仟玖佰元整		结算方式：转账
总经理 邓伟丰	财务部门 经理 李春梅 会计 王秀玲	业务部门 经理 张凤霞 经办人 张男

任务98：网银支付销售中心办公室搬迁运费

任务描述：20日，支付销售中心办公室搬迁运费［根据背景单据的付款申请书（任务98-1）在财务系统中模拟完成银行电子转账支付业务，通过基本户支付］。

背景单据：付款申请书（任务98-1）。

任务98-1

付款申请书

2020年03月20日

用途及情况	金额	收款单位(人)：北京市捷润物流有限公司
支付上月运费	亿 千 百 十 万 千 百 十 元 角 分 ¥ 2 2 8 9 0 0 0	账号：110000374194209158543 开户行：交通银行北京海淀支行
金额（大写）合计：人民币贰万贰仟捌佰玖拾元整		结算方式：转账
总经理 邓伟丰	财务部门 经理 李春梅 会计 王秀玲	业务部门 经理 张凤霞 经办人 张男

任务99：网银支付职工培训费

任务描述： 20日，支付职工培训费[根据背景单据的付款申请书（任务99-1）在财务系统中模拟完成银行电子转账支付业务，通过基本户支付]。

背景单据： 付款申请书（任务99-1）。

任务99-1

付款申请书

2020年03月20日

用途及情况	金 额	收款单位(人)：北京德尚培训中心
支付职工培训费	亿 千 百 十 万 千 百 十 元 角 分 ¥ 3 3 9 2 0 0	账 号：110002069052876730708 开户行：交通银行北京朝阳支行
金额（大写）合计：	人民币 叁仟叁佰玖拾贰元整	结算方式：转账
总经理 邓伟丰	财务部门 经理 李春梅 会计 王秀玲	业务部门 经 理 张凤霞 经办人 张男

任务100：网银支付设备维修费

任务描述： 22日，管理部门报销设备维修费[根据背景单据的付款申请书（任务100-1）在财务系统中模拟完成银行电子转账支付业务，通过基本户支付]。

背景单据： 付款申请书（任务100-1）。

任务100-1

付款申请书

2020年03月22日

用途及情况	金 额	收款单位(人)：北京日新机电有限公司
支付管理部门设备维修费	亿 千 百 十 万 千 百 十 元 角 分 ¥ 9 0 4 0 0 0	账 号：4100002356487217722 开户行：中国工商银行北京城南支行
金额（大写）合计：	人民币 玖仟零肆拾元整	结算方式：转账
总经理 邓伟丰	财务部门 经理 李春梅 会计 王秀玲	业务部门 经 理 张凤霞 经办人 张男

提示：本任务平台操作时出纳岗位提交后不可以更改，完成此任务要慎重。

步骤一：选择网银支付行。

| 中国工商银行 | 交通银行 | 中国农业银行 | 中国建设银行 | 中国银行 | 招商银行 |

步骤二：登录。

步骤三：填写收款人、付款人信息，完成网银任务。

付款人信息	
* 付款户名	北京红星皮具有限公司
* 付款账号	
收款人信息	
* 收款银行	
* 收款账号	
* 收款户名	
款项信息	
* 汇款金额	请输入汇款金额　　(保留小数点后两位)
* 大写金额	零元

年　月份领料单登记簿

序号	日期	领用部门	用途	编号	送达成本核算中心	备注

年　月份产成品入库单登记簿

序号	日期	交来单位及部门	验收仓库	单号	送达成本核算中心	备注

岗位二 02 成本会计岗位

岗位职责

成本会计岗位负责填制成本核算原始凭证、计算产品成本、编制成本核算相关记账凭证、编制成本报表、进行成本分析等工作。

成本会计岗位任务序号

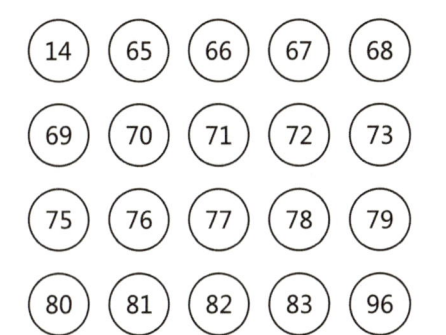

⑭ ㊿ ㊽ ㊻ ㊼

⑲ ⑳ ㉑ ㉒ ㉓

㊂ ㊃ ㊄ ㊅ ㊆

㊇ ㊈ ㊉ ㊊ ㊋

任务 14：(业务 2)支付车间设计制图费

任务描述：1 日，支付车间设计制图费。

背景单据：增值税专用发票(任务 14-1)、银行电子回单凭证(任务 14-2)。

任务 14-1

发票号码	20541655
开票日期	2020年03月01日
购买方名称	北京红星皮具有限公司
纳税人识别号	91110106091156 4238
地址、电话	北京市朝阳区科技工业园158号 010-59466497
开户行及账号	交通银行北京朝阳支行 110002049052486154477
货物或应税劳务、服务名称	*设计服务*设计费
单位	月
数量	1
单价	3686.00
金额	3686.00
税率	6%
税额	221.16
合计	¥3686.00 ¥221.16
价税合计(大写)	叁仟玖佰零柒元壹角陆分 ¥3907.16
销售方名称	北京市华林机械设备有限公司
纳税人识别号	911101085062123594
地址、电话	北京市朝阳区科技工业园256号 010-59461058
开户行及账号	交通银行北京海淀支行 110000374194209158543
开票人	李妍

任务 14-2

交通银行电子回单凭证

回单编号:818422357112	回单类型:网银业务		业务名称:
凭证种类:	凭证号码:	借贷标志:借记	回单格式码:S
账号:110020490524861544777	开户行名称:交通银行北京朝阳支行		
户名:北京红星皮具有限公司			
对方账号:110000374194209158543	开户行名称:交通银行北京海淀支行		
对方户名:北京市华林机械设备有限公司			
币种:CNY	金额:3907.16	金额大写:叁仟玖佰零柒元壹角陆分	
兑换信息:兑换信息	币种: 金额:0.00	牌价:0.00	币种: 金额:0.00
摘要:			
附加信息:			
打印次数:0001	记账日期:20200301	会计流水号:EEZ0000011932221	
记账机构:010120003999	经办柜员:EBB001	记账柜员:EEZ000 复核柜员:	授权柜员:
打印机构:010120003999	打印柜员:202000557519222	批次号:	

任务 65:职工薪酬分配表

任务描述:31 日,根据背景单据的职工薪酬汇总表(任务 65-1),编制职工薪酬分配表(任务 65-2,分配率保留 4 位小数,分配金额保留 2 位小数,尾差计入 M215 中号背包)。

背景单据:职工薪酬汇总表(任务 65-1)。

任务 65-1

职工薪酬汇总表

2020 年 03 月 31 日　　　　　　　　　　　　　　　　　　金额单位:元

部门		短期薪酬						离职后福利		合计
		应付工资	缴费基数	医疗保险 10.80%	工伤保险 0.20%	住房公积金 12.00%	工会经费 2.00%	养老保险 16.00%	失业保险 0.80%	
生产车间	生产工人	466 558.82	355 600.00	38 404.80	711.20	42 672.00	9 331.18	56 896.00	2 844.80	617 418.80
	管理人员	36 570.59	33 000.00	3 564.00	66.00	3 960.00	731.41	5 280.00	264.00	50 436.00
管理部门		95 875.29	93 000.00	10 044.00	186.00	11 160.00	1 917.51	14 880.00	744.00	134 806.80
研发部门		61 085.29	52 200.00	5 637.60	104.40	6 264.00	1 221.71	8 352.00	417.60	83 082.60
销售部门		63 405.88	58 000.00	6 264.00	116.00	6 960.00	1 268.12	9 280.00	464.00	87 758.00
合计		723 495.87	591 800.00	63 914.40	1 183.60	71 016.00	14 469.93	94 688.00	4 734.40	973 502.20

审核:李春梅　　　　　　　　　　　　　　　　　　　　　　　　　　制单:杜文涛

任务 65-2

职工薪酬分配表

2020 年 03 月 31 日　　　　　　　　　　　　　　　　　金额单位:元

受益对象		分配标准(工时)	分配率	分配金额
生产车间	H113 单肩女包	3 800		
	H213 挎包	4 950		
	M115 大号背包	5 250		
	M215 中号背包	5 400		
	小计	19 400		
车间管理人员				
管理部门				
研发部门				
销售部门				
合计				

审核:李春梅　　　　　　　　　　　　　　　　　　　　　　　制单:杜文涛

任务 66:(业务 52)分配职工薪酬

任务描述: 31 日,承任务 65,分配本月职工薪酬(研发部门职工薪酬符合资本化支出)。

背景单据: 职工薪酬汇总表(任务 65-1)、职工薪酬分配表(任务 65-2)。

任务 67:(业务 53)分配职工教育经费

任务描述: 31 日,分配职工教育经费(研发部门职工教育经费不符合资本化支出)。

背景单据: 职工教育经费分配表(任务 67-1)。

任务 67-1

职工教育经费分配表

2020 年 03 月 31 日　　　　　　　　　　　　　　　　　金额单位:元

部门	本月发生教育经费支出
车间管理人员	480.00
管理部门	1 200.00
研发部门	720.00
销售部门	800.00
合计	3 200.00

审核:李春梅　　　　　　　　　　　　　　　　　　　　　　　制单:杜文涛

任务 68：外购水费分配表

任务描述：31 日，根据背景单据的增值税专用发票（任务 68-1），编制外购水费分配表（任务 68-2）。

背景单据：增值税专用发票（任务 68-1）。

任务 68-1

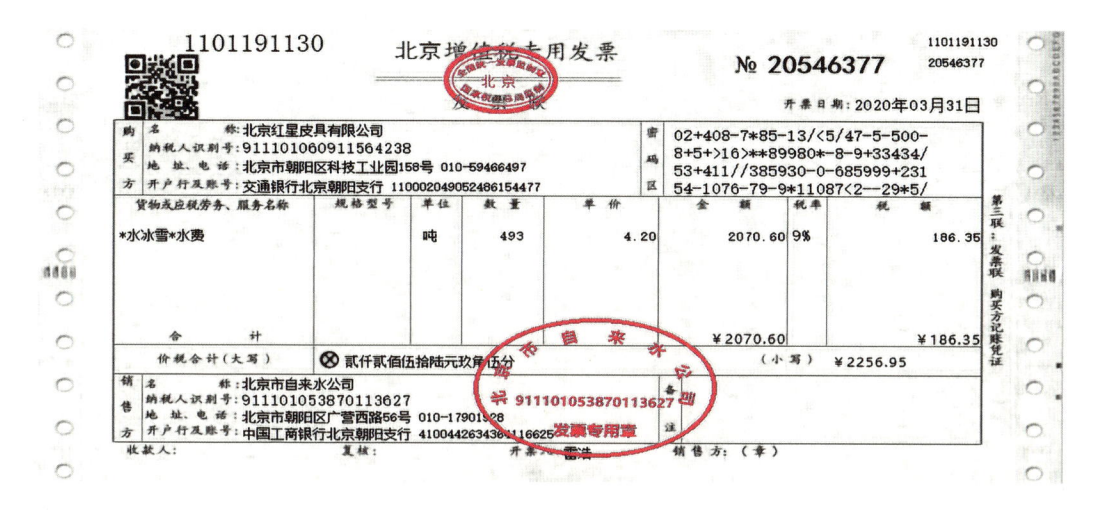

任务 68-2

外购水费分配表

2020 年 03 月 31 日   金额单位：元

受益对象	耗用量（吨）	分配率	分配金额
生产车间	350.00		
管理部门	103.00		
研发部门	20.00		
销售部门	20.00		
合计	493.00		

审核：李春梅   制单：杜文涛

任务69：(业务54)支付并分配水费

任务描述：31日，承任务68，支付并分配水费(研发部门水费符合费用化支出)。

背景单据：增值税专用发票(任务68-1)、外购水费分配表(任务68-2)、同城特约委托收款凭证(任务69-1)。

任务69-1

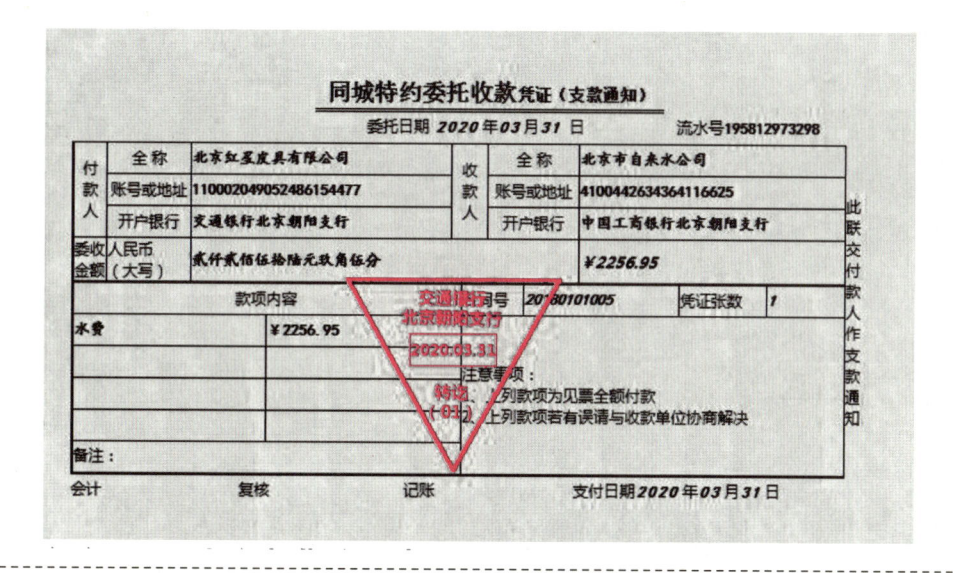

任务70：外购电费分配表

任务描述：31日，根据背景单据的增值税专用发票(任务70-1)，编制外购电费分配表(任务70-2)。

背景单据：增值税专用发票(任务70-1)。

任务70-1

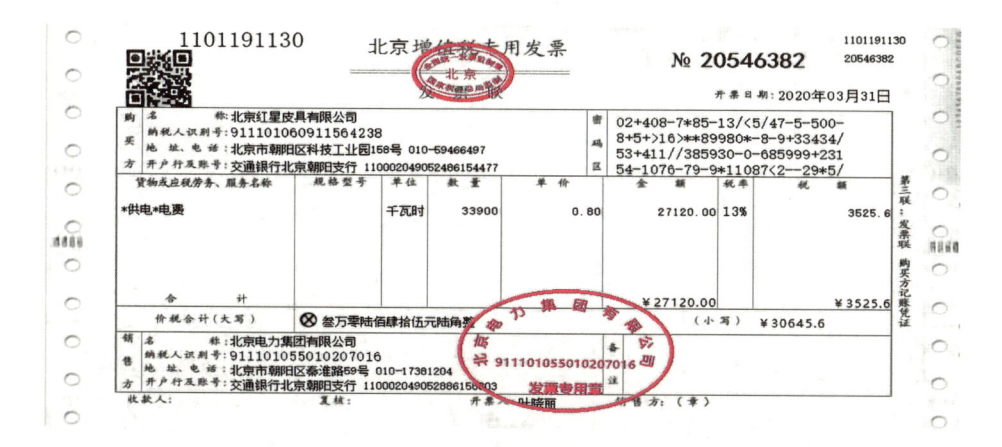

任务70-2

外购电费分配表

2020 年 03 月 31 日   金额单位:元

受益对象	耗用量(千瓦时)	分配率	分配金额
生产车间	30 095.00		
管理部门	2 905.00		
研发部门	400.00		
销售部门	500.00		
合计	33 900.00		

审核:李春梅   制单:杜文涛

任务71:(业务55)支付并分配电费

任务描述: 31日,承任务70,支付并分配电费(研发部门电费符合费用化支出)。

背景单据: 增值税专用发票(任务70-1)、外购电费分配表(任务70-2)、同城特约委托收款凭证(任务71-1)。

任务71-1

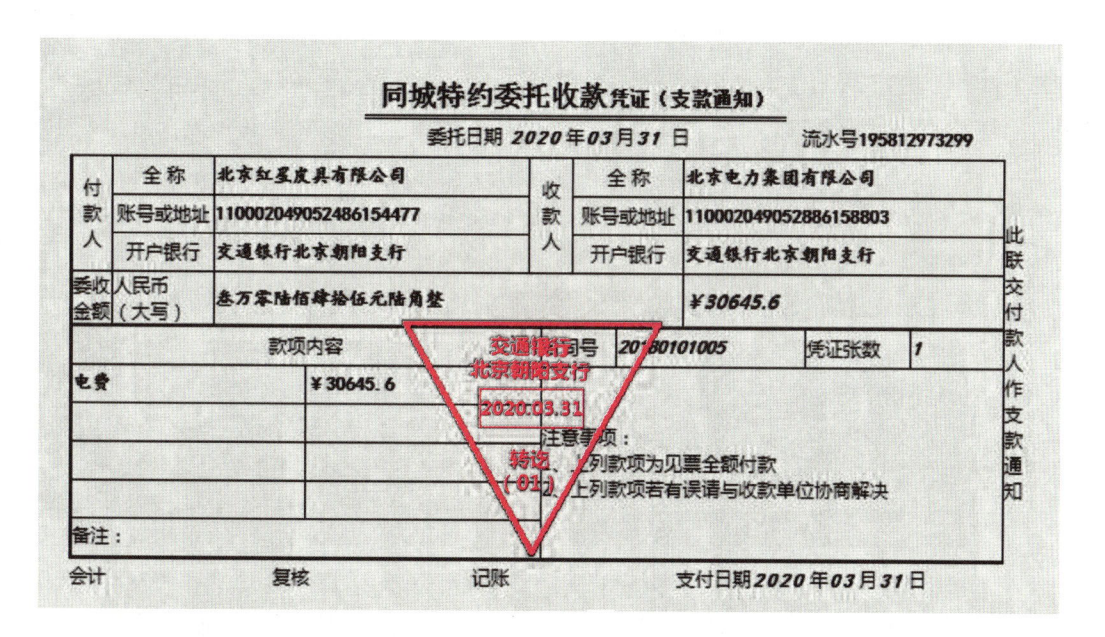

同城特约委托收款凭证(支款通知)

委托日期 2020 年 03 月 31 日   流水号 195812973299

付款人	全称	北京红星皮具有限公司	收款人	全称	北京电力集团有限公司
	账号或地址	110002049052486144177		账号或地址	110002049052886158803
	开户银行	交通银行北京朝阳支行		开户银行	交通银行北京朝阳支行
委收金额	人民币(大写)	叁万零陆佰肆拾伍元陆角整			¥30645.6

款项内容			凭证张数	1
电费	¥30645.6			

注意事项:
特讫、上列款项为见票全额付款
(01)上列款项若有误请与收款单位协商解决

交通银行印号 20?80101005
北京朝阳支行
2020.03.31

备注:

会计   复核   记账   支付日期 2020 年 03 月 31 日

任务 72：固定资产折旧计算表

任务描述：31 日，编制固定资产折旧计算表（任务 72-1）。

任务 72-1

固定资产折旧计算表

2020 年 03 月 31 日　　　　　　　　　　　　　　　　金额单位：元

使用单位和固定资产类别		取得日期	原值	固定资产月折旧率	本月应提折旧额
生产车间	厂房	2015 年 10 月	1 600 000.00	0.40%	
	生产设备	2015 年 10 月	1 064 000.00	0.80%	
	小计		2 664 000.00		
管理部门	房屋	2015 年 10 月	800 000.00	0.40%	
	房屋（闲置）	2018 年 12 月	600 000.00	0.40%	
	运输设备	2015 年 12 月	256 600.00	2.00%	
	管理设备	2015 年 10 月	58 000.00	1.60%	
	小计		1 714 600.00		
研发部门	管理设备	2015 年 10 月	65 000.00	1.60%	
	小计		65 000.00		
销售部门	管理设备	2015 年 10 月	25 000.00	1.60%	
	小计		25 000.00		
合计			4 468 600.00		

审核：李春梅　　　　　　　　　　　　　　　　　　　　　　　　　制单：杜文涛

任务 73：(业务 56) 计提折旧

任务描述：31 日，承任务 72，计提折旧（研发部门折旧符合资本化支出）。
背景单据：固定资产折旧计算表（任务 72-1）。

任务75：发出材料单位成本计算表

任务描述：31日，编制发出材料单位成本计算表（任务75-1）。

任务75-1

发出材料单位成本计算表

2020年03月31日　　　　　　　　　　　　　　　　　金额单位：元

产品编码	原材料	单位	期初余额 数量	期初余额 单价	期初余额 金额	本期入库 数量	本期入库 单价	本期入库 金额	材料单位成本（加权平均）
101	荔纹头层牛皮	平方尺	12 000	18.00	216 000.00				
102	树皮纹头层牛皮	平方尺	20 000	22.00	440 000.00				
103	里布	米	6 800	5.00	34 000.00				
201	3号拉头	个	15 000	0.30	4 500.00				
202	5号拉头	个	15 000	0.50	7 500.00				
203	3号拉链	码	2 000	3.60	7 200.00				
204	5号拉链	码	2 000	5.00	10 000.00				
205	D字扣	个	7 000	2.00	14 000.00				
206	日字扣	个	2 100	5.00	10 500.00				
207	肩带	米	2 000	1.80	3 600.00				
合计					747 300.00				

审核：李春梅　　　　　　　　　　　　　　　　　　　　　　　制单：杜文涛

任务 76：发出材料汇总表

任务描述：31 日，承任务 75，编制发出材料汇总表（任务 76-1）。

背景单据：领料单（任务 76-2～任务 76-12）。

任务 76-1

发出材料汇总表

2020 年 03 月 31 日

金额单位：元

产品编码	原材料	单位	单价	H113 单肩女包 数量	H113 单肩女包 金额	H213 挎包 数量	H213 挎包 金额	M115 大号背包 数量	M115 大号背包 金额	M215 中号背包 数量	M215 中号背包 金额	产品共同耗用 数量	产品共同耗用 金额	研发部 数量	研发部 金额	合计 数量	合计 金额
101	荔纹头层牛皮	平方尺															
102	树皮纹头层牛皮	平方尺															
103	里布	米															
201	3 号拉头	个															
202	5 号拉头	个															
203	3 号拉链	码															
204	5 号拉链	码															
205	D 字扣	个															
206	日字扣	个															
207	肩带	米															
合计																		

审核：李春梅　　制单：杜文涛

任务76-2

领 料 单

领料部门：生产车间

用　途：共用　　　　　2020 年 03 月 02 日　　　　　第 12001 号

材料			单 位	数　量		成　本	
编号	名　称	规　格		请领	实发	单价	总价
101	荔纹头层牛皮		平方尺	25 551	25 551		
102	树皮纹头层牛皮		平方尺	30 400	30 400		
合计	—	—	—				

部门经理：韩小明　　　　会计：杜文涛　　　　仓库：冯新新　　　　经办人：郭喻

（会计联）

任务76-3

领 料 单

领料部门：研发部

用　途：开发版包　　　　2020 年 03 月 10 日　　　　第 12002 号

材料			单 位	数　量		成　本	
编号	名　称	规　格		请领	实发	单价	总价
101	荔纹头层牛皮		平方尺	50	50		
102	树皮纹头层牛皮		平方尺	20	20		
合计	—	—	—				

部门经理：杜小娟　　　　会计：杜文涛　　　　仓库：冯新新　　　　经办人：王明

（会计联）

任务76-4

领 料 单

领料部门：生产车间

用　　途：共同耗用　　　　2020 年 03 月 12 日　　　　　　　第 12003 号

材料			单位	数量		成本	
编号	名称	规格		请领	实发	单价	总价
103	里布		米	8 909	8 909		
合计		—	—				

部门经理：韩小明　　　会计：杜文涛　　　仓库：冯新新　　　经办人：郭喻

会计联

任务76-5

领 料 单

领料部门：生产车间

用　　途：H113 单肩女包　　2020 年 03 月 14 日　　　　　　　第 12004 号

材料			单位	数量		成本	
编号	名称	规格		请领	实发	单价	总价
201	3号拉头		个	2 004	2 004		
202	5号拉头		个	1 002	1 002		
203	3号拉链		码	501	501		
204	5号拉链		码	501	501		
205	D字扣		个	2 004	2 004		
合计		—	—				

部门经理：韩小明　　　会计：杜文涛　　　仓库：冯新新　　　经办人：郭喻

会计联

任务 76-6

领 料 单

领料部门：*生产车间*

用　　途：*H113 单肩女包*　　　　*2020 年 03 月 14 日*　　　　第 *12005* 号

材料			单位	数量		成本	
编号	名称	规格		请领	实发	单价	总价
207	肩带		米	1 302.60	1 302.60		
合计		—	—	—	—	—	

部门经理：*韩小明*　　　会计：*杜文涛*　　　仓库：*冯新新*　　　经办人：*郭喻*

会计联

任务 76-7

领 料 单

领料部门：*生产车间*

用　　途：*H213 挎包*　　　　*2020 年 03 月 14 日*　　　　第 *12006* 号

材料			单位	数量		成本	
编号	名称	规格		请领	实发	单价	总价
201	3 号拉头		个	2 004	2 004		
202	5 号拉头		个	1 002	1 002		
203	3 号拉链		码	501	501		
204	5 号拉链		码	501	501		
205	D 字扣		个	2 004	2 004		
合计		—	—	—	—	—	

部门经理：*韩小明*　　　会计：*杜文涛*　　　仓库：*冯新新*　　　经办人：*郭喻*

会计联

任务 76-8

领 料 单

领料部门：_生产车间_

用　　途：_H213 挎包_　　　　2020 年 03 月 14 日　　　　第 _12007_ 号

材料			单位	数量		成本	
编号	名　称	规　格		请领	实发	单价	总价
206	日字扣		个	1 002	1 002		
207	肩带		米	2 605.20	2 605.20		
合计		—	—	—	—	—	

部门经理：_韩小明_　　　　会计：_杜文涛_　　　　仓库：_冯新新_　　　　经办人：_郭喻_

会计联

任务 76-9

领 料 单

领料部门：_生产车间_

用　　途：_M115 大号背包_　　　　2020 年 03 月 14 日　　　　第 _12008_ 号

材料			单位	数量		成本	
编号	名　称	规　格		请领	实发	单价	总价
201	3 号拉头		个	1 600	1 600		
202	5 号拉头		个	1 600	1 600		
203	3 号拉链		码	400	400		
204	5 号拉链		码	400	400		
205	D 字扣		个	1 600	1 600		
合计		—	—	—	—	—	

部门经理：_韩小明_　　　　会计：_杜文涛_　　　　仓库：_冯新新_　　　　经办人：_郭喻_

会计联

任务76-10

领 料 单

领料部门：生产车间

用　　途：M115 大号背包　　　2020 年 03 月 14 日　　　第 12009 号

材料			单 位	数 量		成 本	
编号	名　称	规 格		请领	实发	单价	总价
206	日字扣		个	800	800		
207	肩带		米	1 200	1 200		
合计		—	—	—	—	—	—

部门经理：韩小明　　　会计：杜文涛　　　仓库：冯新新　　　经办人：郭喻

任务76-11

领 料 单

领料部门：生产车间

用　　途：M215 中号背包　　　2020 年 03 月 14 日　　　第 12010 号

材料			单 位	数 量		成 本	
编号	名　称	规 格		请领	实发	单价	总价
201	3号拉头		个	1 600	1 600		
202	5号拉头		个	1 600	1 600		
203	3号拉链		码	400	400		
204	5号拉链		码	400	400		
205	D字扣		个	1 600	1 600		
合计		—	—	—	—	—	—

部门经理：韩小明　　　会计：杜文涛　　　仓库：冯新新　　　经办人：郭喻

任务76-12

领 料 单

领料部门：生产车间

用　　途：M215中号背包　　　2020年03月14日　　　第12011号

材料			单 位	数 量		成 本	
编号	名　称	规　格		请领	实发	单价	总价
206	日字扣		个	800	800		
207	肩带		米	1 200	1 200		
合计		—	—				

部门经理：韩小明　　　会计：杜文涛　　　仓库：冯新新　　　经办人：郭喻

任务77：生产车间材料费用分配表

任务描述：31日，承任务76，分配生产车间材料费用，填制生产车间材料费用分配表（任务77-1，分配率保留4位小数）。

任务77-1

生产车间材料费用分配表

2020年03月31日　　　　　　　　　　　　　　　金额单元：元

领用对象	本期投产量	荔纹头层牛皮			树皮纹头层牛皮			里布			直接计入	材料费用合计
		单位消耗定额	分配率	分配额	单位消耗定额	分配率	分配额	单位消耗定额	分配率	分配额		
H113单肩女包	1 002	12						2				
H213挎包	1 002	13.5						2.5				
M115大号背包	800				20			3				
M215中号背包	800				18			2.5				
合计		25.5			38			10				

审核：李春梅　　　　　　　　　　　　　　　　　　　　　　　　　制单：杜文涛

任务 78：(业务 58)结转本月领用原材料成本

任务描述：31 日，承任务 75 至任务 77，结转本月领用原材料成本(研发部门领用材料符合资本化支出)。

背景单据：发出材料汇总表(任务 76-1)、领料单(任务 76-2～任务 76-12)、生产车间材料费用分配表(任务 77-1)。

任务 79：制造费用分配表

任务描述：31 日，编制制造费用分配表(任务 79-1，分配率保留 4 位小数，分配金额保留 2 位小数，尾差计入 M215 中号背包)。

任务 79-1

制造费用分配表

2020 年 03 月 31 日　　　　　　　　　　　　　　金额单位：元

受益对象		分配标准(工时)	分配率	分配金额
生产车间	H113 单肩女包	3 800.00		
	H213 挎包	4 950.00		
	M115 大号背包	5 250.00		
	M215 中号背包	5 400.00		
	小计	19 400.00		

审核：李春梅　　　　　　　　　　　　　　　　　　　　制单：杜文涛

任务 80：(业务 59)分配本月制造费用

任务描述：31 日，承任务 79，本月制造费用。
背景单据：制造费用分配表(任务 79-1)。

任务 81：期末在产品约当产量计算表

任务描述：31 日，计算各工序在产品完工程度及月末在产品约当产量，编制期末在产品约当产量计算表（任务 81-1）。

提示：完工程度以百分号表示，且保留百分号前 2 位小数，在产品约当产量合计保留整数。

任务 81-1

期末在产品约当产量计算表

2020 年 03 月 31 日　　　　　　　　　　　　　数量单位：个

产品名称	工序	耗时(m)	完工程度	期末在产品数量	在产品约当产量
H113 单肩女包	开料	60			
	台面	140		200	
	车位	50		50	
	合计	250		250	
H213 挎包	开料	70			
	台面	130		130	
	车位	50		70	
	合计	250		200	
M115 大号背包	开料	90			
	台面	198			
	车位	72		50	
	合计	360		50	
M215 中号背包	开料	80			
	台面	200		50	
	车位	80			
	合计	360		50	

审核：李春梅　　　　　　　　　　　　　　　　　　制单：杜文涛

任务 82：产品成本计算单

任务描述：31 日，编制产品成本计算单（任务 82-1）。

背景单据：入库单（任务 82-2～任务 82-4）。

提示："单位成本"保留 4 位小数，"单位成本合计"保留 2 位小数，尾差计入期末在产品成本。

任务 82-1

产品成本计算单

2020 年 03 月 31 日

金额单位：元

项目		月初在产品成本	本月发生费用	生产费用合计	产量			单位成本	完工产品总成本	期末在产品成本
					完工产品产量	期末在产品约当产量	合计			
H113 单肩女包	直接材料									
	直接人工									
	制造费用									
	小计									
H213 拎包	直接材料									
	直接人工									
	制造费用									
	小计									
M115 大号背包	直接材料									
	直接人工									
	制造费用									
	小计									

任务83：(业务60)结转本月完工产品成本

任务描述：31日，承任务81和任务82，结转本月完工产品成本。

背景单据：期末在产品约当产量计算表(任务81-1)、产品成本计算单(任务82-1)、入库单(任务82-2～任务82-4)。

任务82-2

入 库 单

2020 年 03 月 08 日　　　　　　　　　　单号 0201

交来单位及部门	生产车间		验收仓库	成品仓		入库日期	2020.03.08	
编号	名称及规格		单位	数　量		实际价格		
				交库	实收	单价	金额	
cp101	H113 单肩女包		个	400	400			
cp102	H213 挎包		个	500	500			
cp103	M115 大号背包		个	300	300			
cp104	M215 中号背包		个	300	300			
	合　计							

负责人：王涛　　　会计：杜文涛　　　经办人：林伟　　　制单人：冯新新

任务82-3

入 库 单

2020 年 03 月 16 日　　　　　　　　　　单号 0202

交来单位及部门	生产车间		验收仓库	成品仓		入库日期	2020.03.16	
编号	名称及规格		单位	数　量		实际价格		
				交库	实收	单价	金额	
cp101	H113 单肩女包		个	400	400			
cp102	H213 挎包		个	400	400			
cp103	M115 大号背包		个	450	450			
cp104	M215 中号背包		个	450	450			
	合　计							

负责人：王涛　　　会计：杜文涛　　　经办人：林伟　　　制单人：冯新新

任务 82-4

入 库 单

2020 年 03 月 26 日　　　　　　　　　　　　单号 0203

交来单位及部门	名称及规格		验收仓库	成品仓		入库日期	2020.03.26	
生产车间								

编号	名称及规格	单位	数量		实际价格	
			交库	实收	单价	金额
cp101	H113 单肩女包	个	150	150		
cp102	H213 挎包	个	200	200		
cp103	M115 大号背包	个	150	150		
cp104	M215 中号背包	个	150	150		
	合　计					

负责人：王涛　　　会计：杜文涛　　　经办人：林伟　　　制单人：冯新新

财务联

任务 96：成本分析

任务描述：根据资料完成以下3个题目，填制与去年同期比较分析表（任务96-1）、当年成本差异比较分析表（任务96-2）、当月成本性态分析表（任务96-3）（数值保留小数点后2位，比例值保留百分号2位小数）。

1. 根据资料用因素分析法分析成本变动情况。

任务 96-1

与去年同期比较分析表

单位：元

项目	产量变动对成本影响	单耗变动对成本的影响	单价变动对成本的影响	影响合计金额
皮料				
五金				
辅料				
小计				

2. 根据上面的资料对当年成本差异进行比较分析。

任务 96-2

当年成本差异比较分析表

金额单位:元

项目	2020年3月(单价)	去年同期(单价)	差额	差额占比
直接材料				
直接人工				
制造费用				
合计				

3. 根据2020年3月资料分析当月成本性态。

(1) 电费分为照明用电与生产用电两项,单价1.6元/度,企业正常生产每天工作8小时,照明每小时用电200度,按最佳的操作方法,每件产品需用设备加工时间3小时,企业备用多台设备,目前生产能力有剩余,假设全月工作22天。按供电局规定,企业变压器维护费每月20 000元。

(2) 企业产生的水费与产品产量无关。

任务 96-3

当月成本性态分析表

单位:元

项目	材料名称	固定成本	变动成本
直接材料	皮料		
	五金		
	辅料		
直接人工	工时		
制造费用	水费		
	电费		
	折旧		
	车间管理人员工资		
	其他固定支出		
合计			

背景单据:甲企业主要生产 A 产品,关于 A 产品的产量与成本情况见当月成本性态分析表(任务 96-4)。

任务 96-4

当月成本性态分析表

金额单位:元

项目	名称	单位	材料单价 2020 年 3 月	材料单价 去年同期	2020 年 3 月（发生金额）	上年同期（发生金额）
产量	A 产品	个	—	—	24 000	21 600
直接材料	皮料	尺	18.5	16.8	7 459 200	6 259 680
	五金	件	3	3.2	302 400	284 774.4
	辅料	米	5	4.8	660 000	596 160
	小计	—	—	—	8 421 600	7 140 614.4
直接人工	工时	小时	12	11	1 584 000	1 366 200
制造费用	水费	—	—	—	20 000	18 000
	电费	—	—	—	220 000	200 000
	折旧	—	—	—	180 000	180 000
	车间管理人员工资	—	—	—	456 000	425 000
	其他固定支出	—	—	—	120 000	100 000
	小计	—	—	—	996 000	923 000

岗位三　03 审核会计岗位

岗位职责

审核会计岗位负责票据审核、填制除成本核算以外的相关业务原始凭证、编制除成本业务以外的记账凭证、凭证审核、账簿登记等工作。

实训任务印章

财务专用章。

审核会计岗位任务序号

① ② ③ ⑤ ⑥
⑦ ⑧ ⑨ ⑩ ⑪
⑬ ⑮ ⑯ ⑰ ⑱
⑲ ⑳ 21 22 23
24 25 26 27 28
29 30 31 32 33
34 35 36 37 38
39 40 41 42 43
44 45 46 47 48
49 50 51 52 53
54 55 56 57 58
59 60 61 62 63
64 74 84 85 86
87 88 89 90 91
92 93 94 95

财务专用章使用登记簿

序号	使用部门	经办人	使用日期	送往何处	审批人	审核会计签字

年　月收料单登记簿

序号	入库日期	材料类型	收料仓库	编号	送达财务	备注

年　月产成品出库单登记簿

序号	出库日期	销售单号	发出仓库	编号	送达财务	备注

任务 1：提现备用——签发现金支票

任务描述：审核提现申请单后完成签章。
背景单据：现金支票（任务 1-1）、提现申请单（任务 1-2）。
提示：正反面签章（出纳岗位协同业务）。

任务 1-1

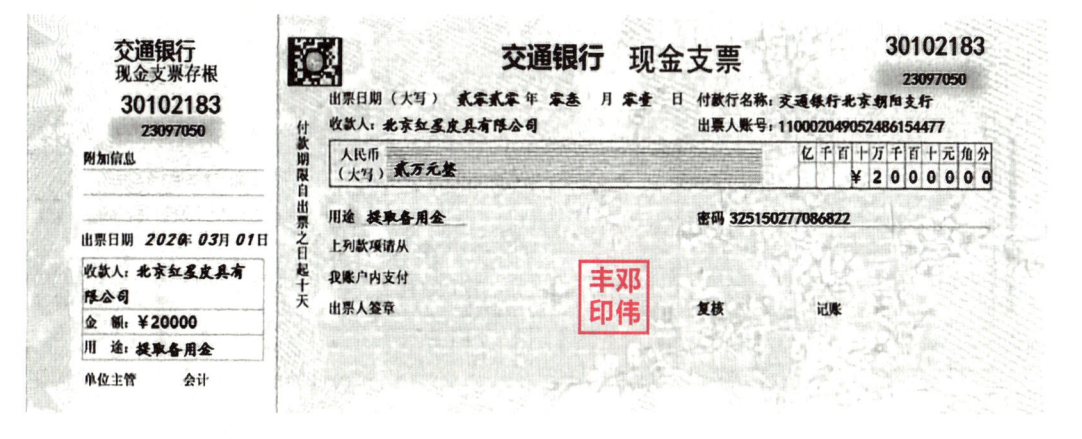

交通银行 现金支票存根
30102183
23097050

附加信息

出票日期：2020年03月01日
收款人：北京红星皮具有限公司
金额：¥20000
用途：提取备用金
单位主管　会计

交通银行　现金支票
30102183
23097050

出票日期（大写）：贰零贰零年 零叁月 零壹日　付款行名称：交通银行北京朝阳支行
收款人：北京红星皮具有限公司　出票人账号：110002049052486154477
人民币（大写）：贰万元整　￥2000000
用途：提取备用金　密码：3251502770866822
上列款项请从我账户内支付
出票人签章：丰邓印伟　复核　记账

任务 1-2

提现申请单
2020 年 03 月 01 日

收款单位	北京红星皮具有限公司		
地址	北京市朝阳区科技工业园158号	联系电话	010-59466497
收款人开户行	交通银行北京朝阳支行	开户账号	110002049052486154477
内容	提取备用金		
大写	人民币贰万元整	￥20000.00	

审批：邓伟丰　　审核：李春梅　　经办人：杨婷婷

附加信息:		
	丰邓印伟 收款人签章　年　月　日	（贴粘单处） 根据《中华人民共和国票据法》等法律法规的规定，签发空头支票由中国人民银行处以票面金额 5%但不低于 1000 元的罚款。
身份证件名称：　　发证机关：		
号码		

任务2:票据贴现

任务描述: 20日,办理银行承兑汇票贴现,根据背景票据填制贴现凭证(任务2-1,审核后完成签章)。

提示: 只在第一联签章(出纳岗位协同业务)。

任务2-1

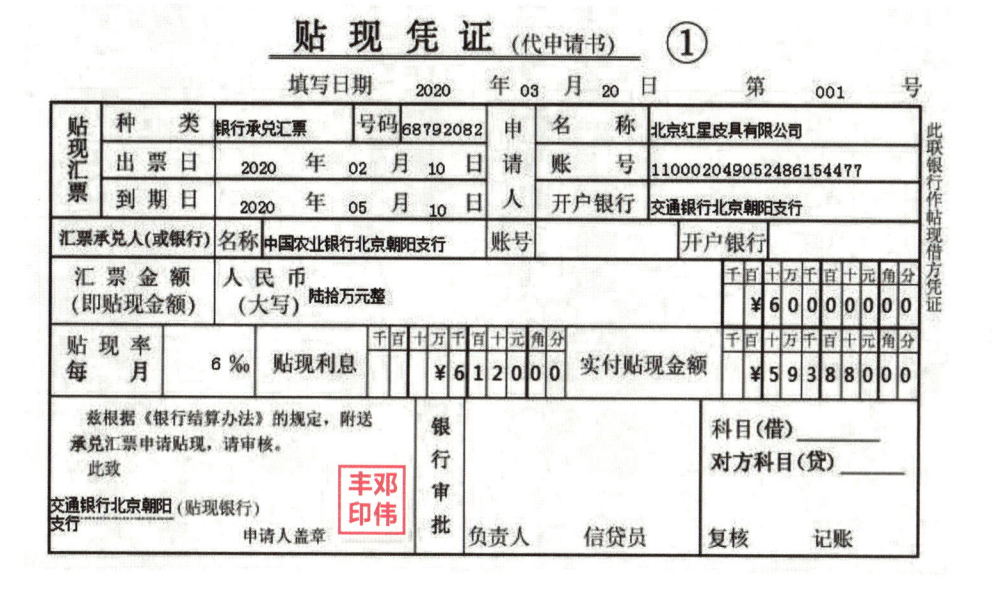

贴现凭证(代申请书) ①

填写日期 2020 年 03 月 20 日　第 001 号

贴现汇票	种类	银行承兑汇票	号码	68792082	申请人	名称	北京红星皮具有限公司
	出票日	2020 年 02 月 10 日				账号	110002049052486154477
	到期日	2020 年 05 月 10 日				开户银行	交通银行北京朝阳支行

汇票承兑人(或银行) 名称：中国农业银行北京朝阳支行　账号：　　　开户银行：

汇票金额(即贴现金额) 人民币(大写) 陆拾万元整　¥600000.00

贴现率 每月 6‰　贴现利息 ¥6120.00　实付贴现金额 ¥593880.00

兹根据《银行结算办法》的规定,附送承兑汇票申请贴现,请审核。
此致
交通银行北京朝阳(贴现银行)支行

(印章:丰邓印伟)

科目(借)_____　对方科目(贷)_____

申请人盖章　银行审批　负责人　信贷员　复核　记账

此联银行作贴现借方凭证

任务3:支付广告费——签发转账支票

任务描述: 21日,支付广告费,签发转账支票(任务3-1,支付密码为1155-6526-3977-8622,资金出纳凭填写的转账支票和进账单,审核后完成签章)。

提示: 正面签章(出纳岗位协同任务)。

任务3-1

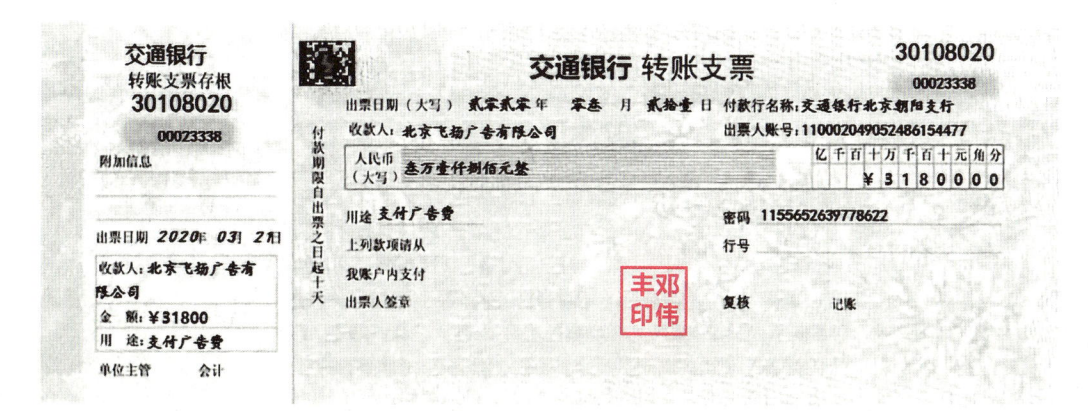

交通银行 转账支票存根
30108020
00023338
附加信息
出票日期 2020年03月2日
收款人：北京飞扬广告有限公司
金额：¥31800
用途：支付广告费
单位主管　会计

交通银行 转账支票 30108020 00023338
出票日期(大写) 贰零贰零年 零叁月 贰拾壹日　付款行名称：交通银行北京朝阳支行
收款人：北京飞扬广告有限公司　出票人账号：110002049052486154477
人民币(大写) 叁万壹仟捌佰元整　¥31800.00
用途：支付广告费　密码：1155652639778622
上列款项请从我账户内支付
出票人签章 (印章:丰邓印伟)　复核　记账

附加信息:	被背书人	被背书人	（贴粘单处）	根据《中华人民共和国票据法》等法律法规的规定，签发空头支票由中国人民银行处以票面金额5%但不低于1000元的罚款。
	背书人签章 年 月 日	背书人签章 年 月 日		

任务 5：(单据整理，业务 4)销售中心办公室搬迁运费

任务描述：3 日，收到北京市德润物流有限公司运费发票，整理相关单据。

提示：审核通过(出纳岗位协同任务)。

任务 5-1

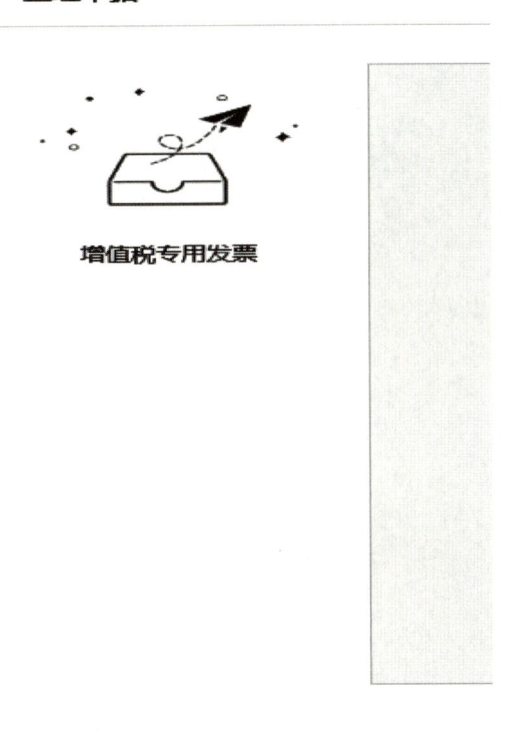

任务 6：(单据整理，业务 5)收到货款

任务描述：3 日，收到天津市中汇皮具有限公司货款存入银行，整理相关单据。
提示：审核通过(出纳岗位协同任务)。

任务 7：(单据整理，业务 7)报销招待费

任务描述：4 日，报销招待费，整理相关单据。
提示：审核通过(出纳岗位协同任务)。

任务 8：(单据整理，业务 9)收到货款

任务描述：5 日，收到北京东方爱格皮具服饰有限公司货款，整理相关单据。
提示：审核通过(出纳岗位协同任务)。

任务 9：(单据整理，业务 14)支付材料款

任务描述：10 日，支付北京汉森皮革贸易有限公司材料款，整理相关单据。
提示：审核通过(出纳岗位协同任务)。

任务 10：(单据整理，业务 15)购入固定资产

任务描述：10 日，购入铲皮机未验收，整理相关单据。
提示：审核通过(出纳岗位协同任务)。

任务 11：(单据整理，业务 29)支付丝印费

任务描述：16 日，支付北京市春花丝印有限公司丝印费，整理相关单据。
提示：审核通过(出纳岗位协同任务)。

任务 13：(业务 1)提取备用金

任务描述：1 日，提取备用金(根据业务 1 资料编制记账凭证)。
背景单据：提现申请单(任务 13-1)、现金支票(任务 13-2，出纳岗位协同业务)。

任务 13-1(同任务 1-1)

提现申请单
2020 年 03 月 01 日

收款单位	北京红星皮具有限公司		
地址	北京市朝阳区科技工业园158号	联系电话	010-59466497
收款人开户行	交通银行北京朝阳支行	开户账号	110002049052486154477
内容	提取备用金		
大写	人民币贰万元整	￥20000.00	

审批：邓伟丰　　　审核：李春梅　　　经办人：杨婷婷

任务 13-2

交通银行 现金支票存根
30102183
23097050

附加信息

出票日期 2020年 3 月 01 日
收款人：北京红星皮具有限公司
金　额：￥20000.00
用　途：提取备用金
单位主管　　会计

交通银行　现金支票
30102183
23097050

出票日期（大写）：贰零贰零 年 叁 月 零壹 日
收款人：北京红星皮具有限公司
人民币（大写）：贰万元整　￥2000000
付款行名称：交通银行北京朝阳支行
出票人账号：110002049052486154477
密码：3255-1502-7708-6822
用途：提取备用金
上列款项请从我账户内支付
出票人签章　　复核　　记账

任务 15：(业务 3) 材料采购

任务描述：2 日，材料采购，款未付。

背景单据：收料单(任务 15-1)、增值税专用发票(任务 15-2)。

任务 15-1

收　料　单

供应单位：北京汉森皮革贸易有限公司　　　　　　　　　　　　　　　　　编号：00101
材料类别：原材料　　　　　　2020 年 03 月 02 日　　　　　　收料仓库：原材料仓

材料编号	材料名称	规格	计量单位	数量 应收	数量 实收	实际价格 单价	材料金额	运杂费	合计	计划价格 单价	金额
101	荔纹头层牛皮		平方尺	28000	28000						
102	刺皮纹头层牛皮		平方尺	30000	30000						

备注：
部门经理：王涛　　质量检验员：张锋　　仓库：冯新新　　经办人：艾玲

会计联

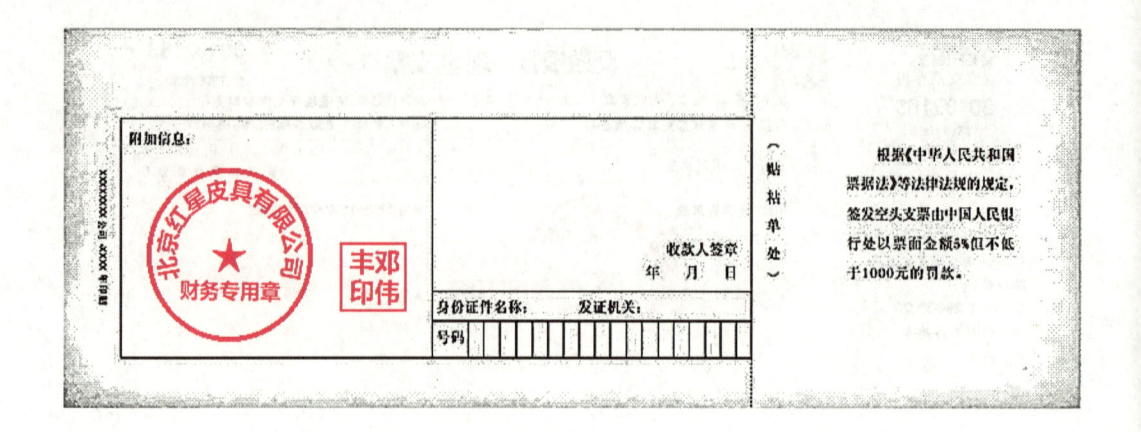

附加信息：
收款人签章　年　月　日
（粘贴单处）
身份证件名称：　发证机关：
号码

根据《中华人民共和国票据法》等法律法规的规定，签发空头支票由中国人民银行处以票面金额5%但不低于1000元的罚款。

任务 15-2

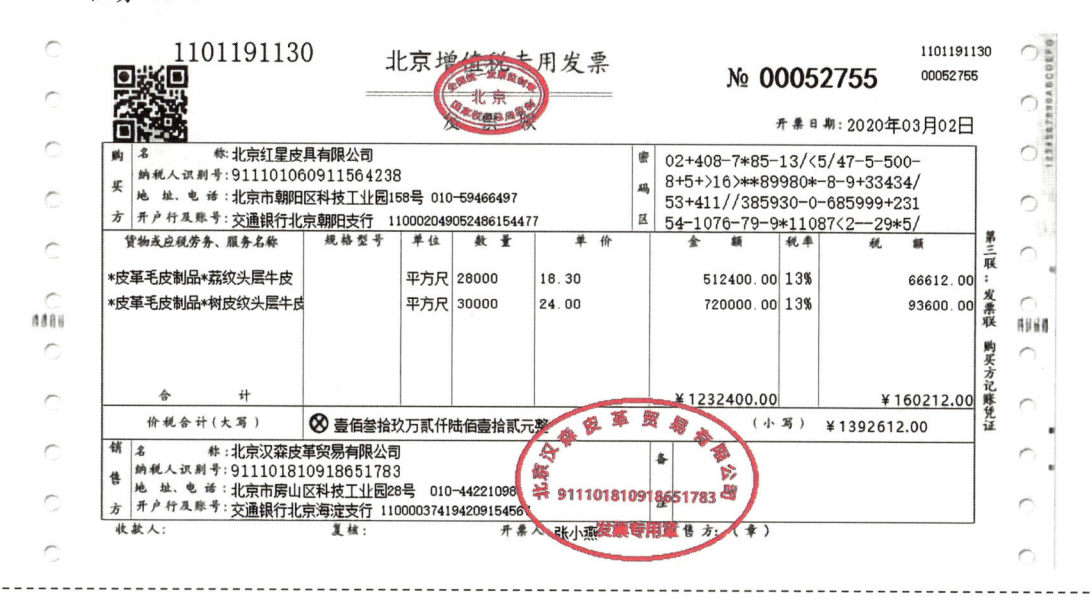

1101191130	北京增值税专用发票	№ 00052755	1101191130 00052755

开票日期：2020年03月02日

购买方：
名　称：北京红星皮具有限公司
纳税人识别号：91110106091156 4238
地　址、电　话：北京市朝阳区科技工业园158号 010-59466497
开户行及账号：交通银行北京朝阳支行 110002049052486154477

密码区：02+408-7*85-13/<5/47-5-500-8+5+>16)**89980*-8-9+33434/53+411//385930-0-685999+231 54-1076-79-9*11087<2-29*5/

货物或应税劳务、服务名称	规格型号	单位	数量	单价	金额	税率	税额
*皮革毛皮制品*荔纹头层牛皮		平方尺	28000	18.30	512400.00	13%	66612.00
*皮革毛皮制品*树皮纹头层牛皮		平方尺	30000	24.00	720000.00	13%	93600.00
合　计					￥1232400.00		￥160212.00

价税合计（大写）：壹佰叁拾玖万贰仟陆佰壹拾贰元整　　（小写）￥1392612.00

销售方：
名　称：北京汉森皮革贸易有限公司
纳税人识别号：911101810918651783
地　址、电　话：北京市房山区科技工业园28号 010-44221098
开户行及账号：交通银行北京海淀支行 110003741942091565

收款人：　　　复核：　　　开票人：张小燕　销售方：（章）

任务 16：（自动生成记账凭证，业务 4）销售中心办公室搬迁运费

任务描述：3 日，收到发票，销售中心办公室搬迁运费。

背景单据：增值税专用发票（任务 16-1）。

提示：已锁定业务，需要解锁后完成（出纳岗位协同业务票据整理）、出纳岗位和审核会计岗位要认真选取原始单据和审核单据，一经审核通过系统无法返还。

任务 16-1（同任务 11-2）

1101191130	北京增值税专用发票	№ 20546238	1101191130 20546238

开票日期：2020年03月03日

购买方：
名　称：北京红星皮具有限公司
纳税人识别号：91110106091156 4238
地　址、电　话：北京市朝阳区科技工业园158号 010-59466497
开户行及账号：交通银行北京朝阳支行 110002049052486154477

密码区：02+408-7*85-13/<5/47-5-500-8+5+>16)**89980*-8-9+33434/53+411//385930-0-685999+231 54-1076-79-9*11087<2-29*5/

货物或应税劳务、服务名称	规格型号	单位	数量	单价	金额	税率	税额
*运输服务*运费		次	1	21000.00	21000.00	9%	1890.00
合　计					￥21000.00		￥1890.00

价税合计（大写）：贰万贰仟捌佰玖拾元整　　（小写）￥22890.00

销售方：
名　称：北京市德润物流有限公司
纳税人识别号：911101085062125237
地　址、电　话：北京市房山区科技工业园256号 010-32221058
开户行及账号：交通银行北京海淀支行 110003741942091585

备注：起运地：北京市朝阳区科技工业园158号　目的地：广州市　车型车号：小型货车 京A5293D　货物信息：皮革制品

收款人：　　　复核：　　　开票人：李妍　销售方：（章）

任务 17：(自动生成记账凭证，业务 5)收到货款

任务描述：3 日，收到天津市中汇皮具有限公司货款。

背景单据：银行电子回单凭证(任务 17-1)。

提示：已锁定业务，需要解锁后完成(出纳岗位协同业务票据整理)，出纳岗位和审核会计岗位要认真选取原始单据和审核单据，一经审核通过系统无法返还。

现金流量：销售商品、提供劳务收到的现金 500 000 元。

任务 17-1(同任务 11-3)

交通银行电子回单凭证

回单编号：818422353221	回单类型：网银业务		业务名称：
凭证种类：	凭证号码：	借贷标志：贷记	回单格式码：S
账号：1100020490524B6154477	开户行名称：交通银行北京朝阳支行		
户名：北京红星皮具有限公司			
对方账号：6222603864556672376	开户行名称：交通银行天津和平支行		
对方户名：天津市中汇皮具有限公司			
币种：CNY	金额：500000.00	金额大写：伍拾万元整	
兑换信息：兑换信息	币种：	金额：0.00	牌价：0.00	币种：	金额：0.00
摘要：			
附加信息：			
打印次数：0001	记账日期：20200303	会计流水号：EEZ0000011933256	
记账机构：010120003999	经办柜员：EBB001	记账柜员：EEZ000	复核柜员：	授权柜员：
打印机构：010120003999	打印柜员：202000557519222		批次号：

(盖章：交通银行北京分行业务受理章)

任务 18：(业务 6)出售交易性金融资产

任务描述：4 日，出售交易性金融资产(2 月 12 日以 27.50 元购入 20 000 股，现以每股 32 元卖出。手续费为 0.1%)。

背景单据：证券营业部对账单(任务 18-1)。

现金流量：收回投资收到的现金 639 360 元。

任务 18-1

北京西三环北路证券营业部对账单

| 客户编号：220004621 | | 姓名：北京红星皮具有限公司 | | 对账日期：2020.03.04 | | 打印柜员：125 | |

资金信息：

币种	资金余额	可用金额	可取现金	资产总值
	1019360.00	380000.00	380000.00	1019360.00

流水明细：

日期	币种	业务标志	证券名称	证券代码	发生数量	成交均价	佣金	印花税	其他费	收付金额	资金余额	备注
2020.01.24	人民币	股票卖出	海宁皮城	002344	10000	13.02	200			130000.00	930600.00	
2020.02.12	人民币	股票买入	葵花药业	002737	20000	27.50	600			-550600.00	380000.00	
2020.03.04	人民币	股票卖出	葵花药业	002737	20000	32.00	640			639360.00	1019360.00	

任务 19：(自动生成记账凭证，业务 7)报销招待费

任务描述： 4 日，行政部报销招待费。

背景单据： 报销申请单(任务 19-1)、增值税普通发票(任务 19-2)。

提示： 已锁定业务，需要解锁后完成(出纳岗位协同业务票据整理)，出纳岗位和审核会计岗位要认真选取原始单据和审核单据，一经审核通过系统无法返还。

现金流量： 支付其他与经营活动有关的现金 1 500 元。

任务 19-1(同任务 11-1)

报销申请单

填报日期：2020 年 03 月 04 日

姓名	张勇		所属部门	采购部	
报销项目		摘要		金额	备注：
招待费				1500.00	
				现金付讫	
	合 计			¥1500.00	

金额大写：⊗ 拾 ⊗ 万 壹 仟 伍 佰 零 拾 零 元 零 角 零 分

报销人：张勇　　部门审核：邓申　　财务审核：李春梅　　审批：邓伟丰

任务19-2(同任务11-4)

[北京增值税普通发票 No.07123562，开票日期：2020年03月04日。购买方：北京红星皮具有限公司，纳税人识别号：91110106091156423。货物：*餐饮服务*餐费，数量1，单价1415.09，金额1415.09，税率6%，税额84.91。价税合计：壹仟伍佰元整 ¥1500.00。销售方：北京烤鸭餐饮管理有限公司，纳税人识别号：911101018937352448。]

任务20：(业务8)支付2号厂房勘察费

任务描述：5日，承任务97，支付2号厂房勘察费。

背景单据：增值税专用发票(任务20-1)、银行电子回单凭证(任务20-2，出纳岗位协同业务)。

现金流量：购建固定资产、无形资产和其他长期资产支付的现金15 900元。

任务20-1

[北京增值税专用发票 No.20549130，开票日期：2020年03月05日。购买方：北京红星皮具有限公司，纳税人识别号：91110106091156423。货物：*研发和技术服务*勘察费，数量1次，单价15000.00，金额15000.00，税率6%，税额900.00。价税合计：壹万伍仟玖佰元整 ¥15900.00。销售方：北京昌华勘察设计有限公司，纳税人识别号：911101051016733266。]

任务 20-2

交通银行电子回单凭证

回单编号：818422357549	回单类型：网银业务		业务名称：
凭证种类：	凭证号码：	借贷标志：借记	回单格式码：S
账号：11000898765622538655	开户行名称：交通银行北京东城支行		
户名：北京红星皮具有限公司			
对方账号：11000206905783326463	开户行名称：交通银行北京朝阳支行		
对方户名：北京昌华勘察设计有限公司			
币种：CNY	金额：15900.00	金额大写：壹万伍仟玖佰元整	
兑换信息：兑换信息	币种：	金额：0.00	牌价：0.00	币种：	金额：0.00
摘要：			
附加信息：			
打印次数：0001	记账日期：20200305	会计流水号：EEZ0000012032218	
记账机构：010120003999	经办柜员：EBB001	记账柜员：EEZ000	复核柜员：	授权柜员：
打印机构：010120003999	打印柜员：202000557519222		批次号：

（加盖"交通银行 北京分行 业务受理章"印章）

任务 21：（自动生成记账凭证，业务 9）收到货款

任务描述：5 日，收北京东方爱格皮具服饰有限公司货款。

背景单据：银行电子回单凭证（任务 21-1）。

提示：已锁定业务，需要解锁后完成（出纳岗位协同业务票据整理），出纳岗位和审核会计岗位要认真选取原始单据和审核单据，一经审核通过系统无法返还。

现金流量：销售商品、提供劳务收到的现金 1 100 000 元。

任务 21-1（同任务 11-6）

交通银行电子回单凭证

回单编号：818422353234	回单类型：网银业务		业务名称：
凭证种类：	凭证号码：	借贷标志：贷记	回单格式码：S
账号：11000204905248615447	开户行名称：交通银行北京朝阳支行		
户名：北京红星皮具有限公司			
对方账号：11000037419880675495	开户行名称：交通银行北京海淀支行		
对方户名：北京东方爱格皮具服饰有限公司			
币种：CNY	金额：1100000.00	金额大写：壹佰壹拾万元整	
兑换信息：兑换信息	币种：	金额：0.00	牌价：0.00	币种：	金额：0.00
摘要：			
附加信息：			
打印次数：0001	记账日期：20200305	会计流水号：EEZ0000011933582	
记账机构：010120003999	经办柜员：EBB001	记账柜员：EEZ000	复核柜员：	授权柜员：
打印机构：010120003999	打印柜员：202000557519222		批次号：

（加盖"交通银行 北京分行 业务受理章"印章）

任务 22：(业务 10)收到银行承兑汇票

任务描述： 5 日，收到银行承兑汇票。
背景单据： 银行承兑汇票(任务 22-1)。

任务 22-1

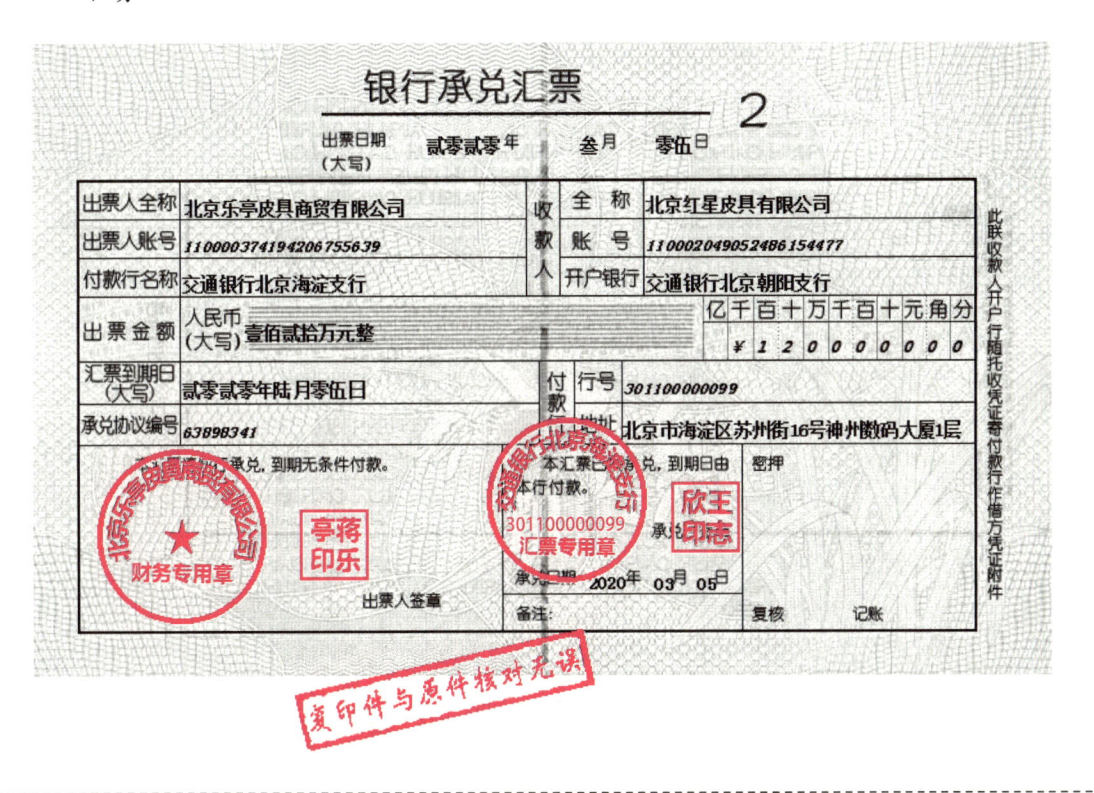

银行承兑汇票			2
出票日期(大写)	贰零贰零年 叁月 零伍日		
出票人全称	北京乐亭皮具商贸有限公司	收款人 全称	北京红星皮具有限公司
出票人账号	11000037419420675563 9	账号	11000204905248615447 7
付款行名称	交通银行北京海淀支行	开户银行	交通银行北京朝阳支行
出票金额	人民币(大写) 壹佰贰拾万元整	亿千百十万千百十元角分 ¥1200000 00	
汇票到期日(大写)	贰零贰零年陆月零伍日	付款 行号	301100000099
承兑协议编号	63898341	地址	北京市海淀区苏州街16号神州数码大厦1层

本汇票已由本行承兑，到期无条件付款。
出票人签章

本汇票已由本行付款。
承兑日期 2020年 03月 05日
备注 复核 记账

任务 23：(业务 11)购入股票

任务描述： 6 日，从二级市场购入股票科大智能(划分为交易性金融资产)。
背景单据： 证券营业部对账单(任务 23-1)。
现金流量： 投资支付的现金 600 180 元。

任务 23-1

北京西三环北路证券营业部对账单

客户编号：220004621　　姓名：北京红星皮具有限公司　　对账日期：2020.03.06　　打印柜员：125

资金信息：

币种	资金余额	可用金额	可取现金	资产总值
	419180.00	419180.00	419180.00	1019180.00

流水明细：

日期	币种	业务标志	证券名称	证券代码	发生数量	成交均价	佣金	印花税	其他费	收付金额	资金余额	备注
2020.01.24	人民币	股票卖出	海宁皮城	002344	10000	13.02	200.00			130000.00	930600.00	
2020.02.12	人民币	股票买入	葵花药业	002737	20000	27.50	600.00			-550600.00	380000.00	
2020.03.04	人民币	股票卖出	葵花药业	002737	20000	32.00	640.00			639360.00	1019360.00	
2020.03.06	人民币	股票买入	科大智能	300222	30000	20.00	180.00			-600180.00	419180.00	

任务 24：(业务 12) 销售商品

任务描述：6日，销售商品，双方约定的现金折扣条件为"2/10，N/30"，现金折扣针对价税合计金额。备注：企业根据过往交易情况，评估该客户享受现金折扣的概率为0。

背景单据：增值税专用发票（任务 24-1）、购销合同（任务 24-2）、销售单（任务 24-3）。

任务 24-1

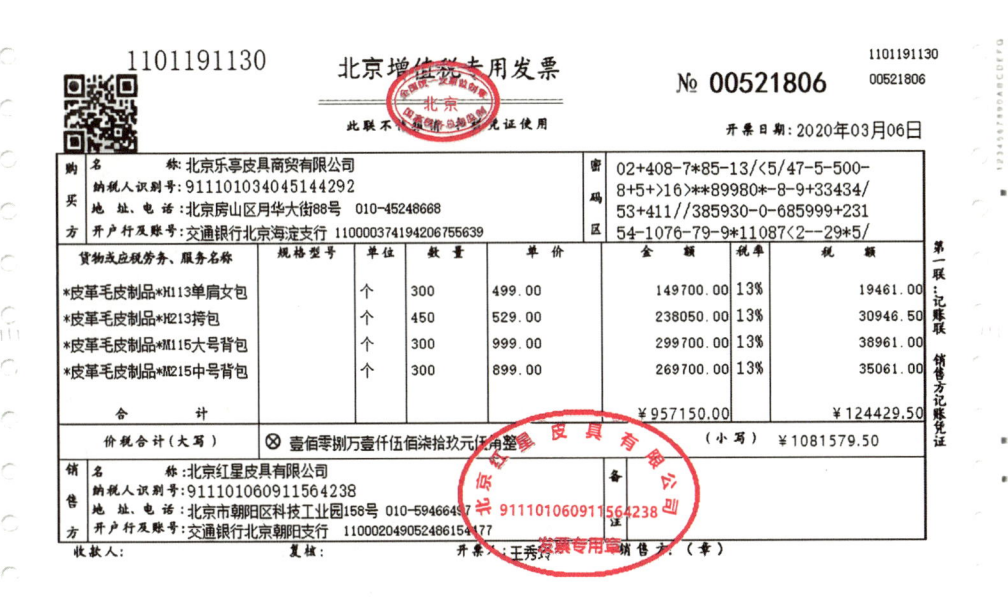

北京增值税专用发票　　No. 00521806

发票代码：1101191130

开票日期：2020年03月06日

购买方	名称：北京乐亨皮具商贸有限公司
	纳税人识别号：91110103404514 4292
	地址、电话：北京房山区月华大街88号 010-45248668
	开户行及账号：交通银行北京海淀支行 110000374194206755639

密码区：02+408-7*85-13/<5/47-5-500-8+5+)16)**89980*-8-9+33434/53+411//385930-0-685999+231 54-1076-79-9*11087<2-29*5/

货物或应税劳务、服务名称	规格型号	单位	数量	单价	金额	税率	税额
*皮革毛皮制品*H113单肩女包		个	300	499.00	149700.00	13%	19461.00
*皮革毛皮制品*H213挎包		个	450	529.00	238050.00	13%	30946.50
*皮革毛皮制品*M115大号背包		个	300	999.00	299700.00	13%	38961.00
*皮革毛皮制品*M215中号背包		个	300	899.00	269700.00	13%	35061.00
合计					¥957150.00		¥124429.50

价税合计（大写）：壹佰零捌万壹仟伍佰柒拾玖元伍角整　　（小写）¥1081579.50

销售方	名称：北京红星皮具有限公司
	纳税人识别号：911101060911564238
	地址、电话：北京市朝阳区科技工业园158号 010-59466457
	开户行及账号：交通银行北京朝阳支行 110002049052486154177

收款人：　　复核：　　开票人：王秀芳　　销售方：（章）

第一联：记账联　销售方记账凭证

任务 24-2

购销合同

购方：北京乐亭皮具商贸有限公司　　合同编号：201902080
销方：北京红星皮具有限公司　　　　签订时间：2020年02月26日

供需双方本着互利互惠、长期合作的原则，根据《中华人民共和国合同法》及双方的实际情况，就需方向供方采购事宜，订立本合同，以使双方在合同履行中共同遵守。

一、产品名称、数量、单价、金额：

产品名称	规格型号	计量单位	数量	单价	金额	备注
H113单肩女包		个	300	499.00	149700.00	
H213挎包		个	450	529.00	238050.00	
M115大号背包		个	300	999.00	299700.00	
M215中号背包		个	300	899.00	269700.00	
合计					957150.00	

合计人民币（大写）：玖拾伍万柒仟壹佰伍拾元整

二、质量要求技术标准：供方对质量负责的条件和期限：按合同企业标准。

三、交（提）货地点、方式：北京房山区月华大街88号

任务 24-3

销售单

购货单位：北京乐亭皮具商贸有限公司　　地址和电话：北京房山区月华大街88号 010-45248668　　单据编号：xs1903001
纳税识别号：91110103404514292　　开户行及账号：交通银行北京海淀支行 11000037419420675639　　制单日期：2020.03.06

编码	产品名称	规格	单位	单价	数量	金额	备注
cp101	H113单肩女包		个	499.00	300	149700.00	不含税价
cp102	H213挎包		个	529.00	450	238050.00	
cp103	M115大号背包		个	999.00	300	299700.00	
cp104	M215中号背包		个	899.00	300	269700.00	
合计	人民币（大写）：玖拾伍万柒仟壹佰伍拾元整				—	¥957150.00	

销售经理：王涛　　经手人：冯新新　　会计：王秀玲　　签收人：邹爱

会计联

任务25：(业务13)报销差旅费

任务描述： 8日，总经办报销邓伟丰差旅费，借款不足冲减部分用现金支付。

背景单据： 差旅费报销单(任务25-1)、航空运输电子客票行程单(任务25-2)、航空运输电子客票行程单(任务25-3)、增值税专用发票(任务25-4)、增值税普通发票(任务25-5)、增值税普通发票(任务25-6)。

现金流量： 支付其他与经营活动有关的现金166.28元。

任务25-1

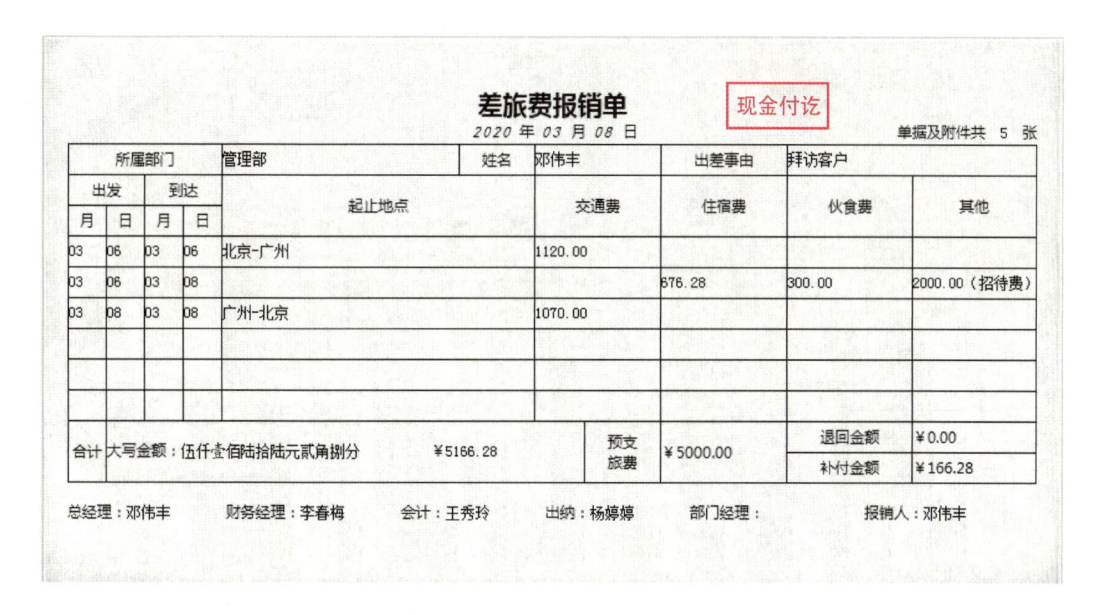

所属部门	管理部		姓名	邓伟丰	出差事由	拜访客户		
出发		到达		起止地点	交通费	住宿费	伙食费	其他
月	日	月	日					
03	06	03	06	北京-广州	1120.00			
03	06	03	08			676.28	300.00	2000.00(招待费)
03	08	03	08	广州-北京	1070.00			

差旅费报销单 2020年03月08日 现金付讫 单据及附件共5张

合计大写金额：伍仟壹佰陆拾陆元贰角捌分 ￥5166.28　预支旅费 ￥5000.00　退回金额 ￥0.00　补付金额 ￥166.28

总经理：邓伟丰　财务经理：李春梅　会计：王秀玲　出纳：杨婷婷　部门经理：　报销人：邓伟丰

任务25-2

航空运输电子客票行程单

印刷序号：SERIAL NUMBER: 4819205781 8

旅客姓名 NAME OF PASSENGER：邓伟丰
有效身份证件号码 ID.NO.：430223197203182716
签注 ENDORSEMENTS/RESTRICTIONS (CARBON)：不得签转

承运人 CARRIER	航班号 FLIGHT	座位等级 CLASS	日期 DATE	时间 TIME	客票级别/客票类别 FARE BASIS	客票生效日期 NOTVALID BEFORE	有效截止日期 NOTVALID AFTER	免费行李 ALLOW
自 FROM 北京 至 TO 广州	MU4129	B	06Mar	1055	Y			20KG

票价 FARE：CNY1020.00　机场建设费：CNY50.00　燃油费 FUEL SURCHARGE：CNY50.00　其他税费 OTHER TAXES：　合计 TOTAL：CNY1120.00

电子客票号码 E-TICKETNO.：4719372890164　验证码：7128　保险费 INSURANCE：
销售单位代号 AGENTCODE：FUD1382947885　填开单位：北京捷达航空服务有限公司 ISSUEDBY　填开日期 DATE OF ISSUE：2020-03-06

验真网址：WWW.TRAVELSKY.COM　服务热线：400-815-8888　短信验真：发送JP到10669018

任务 25-3

航空运输电子客票行程单									印刷序号
ITINERARY/RECEIPT OF TICKET FOR AIR TRANSPOR									SERIAL NUMBER: 6619202651 5

旅客姓名 NAME OF PASSENGER	有效身份证件号码 ID.NO.					签注 ENDORSEMENTS/RESTRICTIONS (CARBON)			
邓伟丰	430223197203182716					不得签转			

		承运人 CARRIER	航班号 FLIGHT	座位等级 CLASS	日期 DATE	时间 TIME	客票级别/客票类别 FARE BASIS	客票生效日期 NOT VALID BEFORE	有效截止日期 NOT VALID AFTER	免费行李 ALLOW
自 FROM	广州	TY	MU4129	B	08Mar	1510	Y			20KG
至 TO	北京									
至 TO										
至 TO										

	票价 FARE	机场建设费 TAX		燃油附加费 FUEL SURCHARGE	其他税费 OTHER TAXES	合计 TOTAL	
	CNY970.00	CNY50.00		CNY50.00		CNY1070.00	

电子客票号码 E-TICKETNO.	4719372891059	验证码 CK.	7126	保险费 INSURANCE	
销售单位代号 AGENTCODE.	FUO1381947192	填开单位 ISSUEDBY	广州捷达航空服务有限公司	填开日期 DATE OF ISSUE	2020-03-08

验真网址：WWW.TRAVELSKY.COM 服务热线：400-815-8888 短信查询：发送JP到10669018

任务 25-4

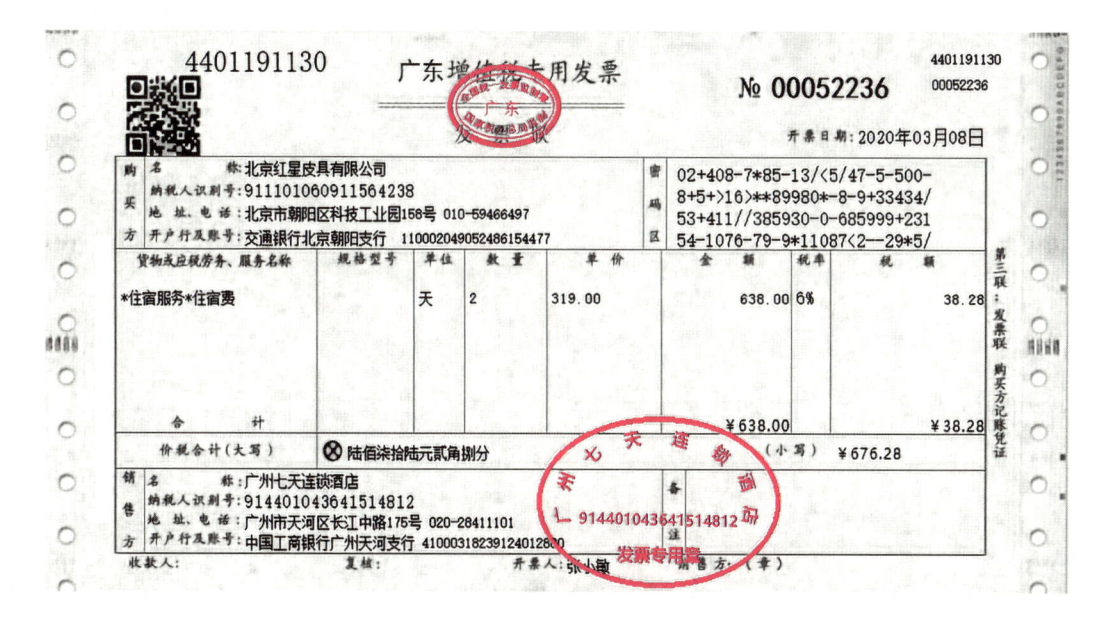

4401191130	广东增值税专用发票	№ 00052236	4401191130 00052236

开票日期：2020年03月08日

购买方	名　称：	北京红星皮具有限公司	密码区	02+408-7*85-13/<5/47-5-500-8+5+>16>**89980*-8-9+33434/53+411//385930-0-685999+231 54-1076-79-9*11087<2--29*5/
	纳税人识别号：	91110106091156423...		
	地　址、电话：	北京市朝阳区科技工业园158号 010-59466497		
	开户行及账号：	交通银行北京朝阳支行 110002049052486154477		

货物或应税劳务、服务名称	规格型号	单位	数量	单价	金额	税率	税额
*住宿服务*住宿费		天	2	319.00	638.00	6%	38.28
合　计					¥638.00		¥38.28

价税合计（大写） ⊗ 陆佰柒拾陆元贰角捌分　　　　　（小写） ¥676.28

销售方	名　称：	广州七天连锁酒店
	纳税人识别号：	91440104364151481...
	地　址、电话：	广州市天河区长江中路175号 020-28411101
	开户行及账号：	中国工商银行广州天河支行 4100031823912401280...

收款人：　　　　　　复核：　　　　　　开票人：张小敏　　　　　　销售方：（章）

任务 25-5

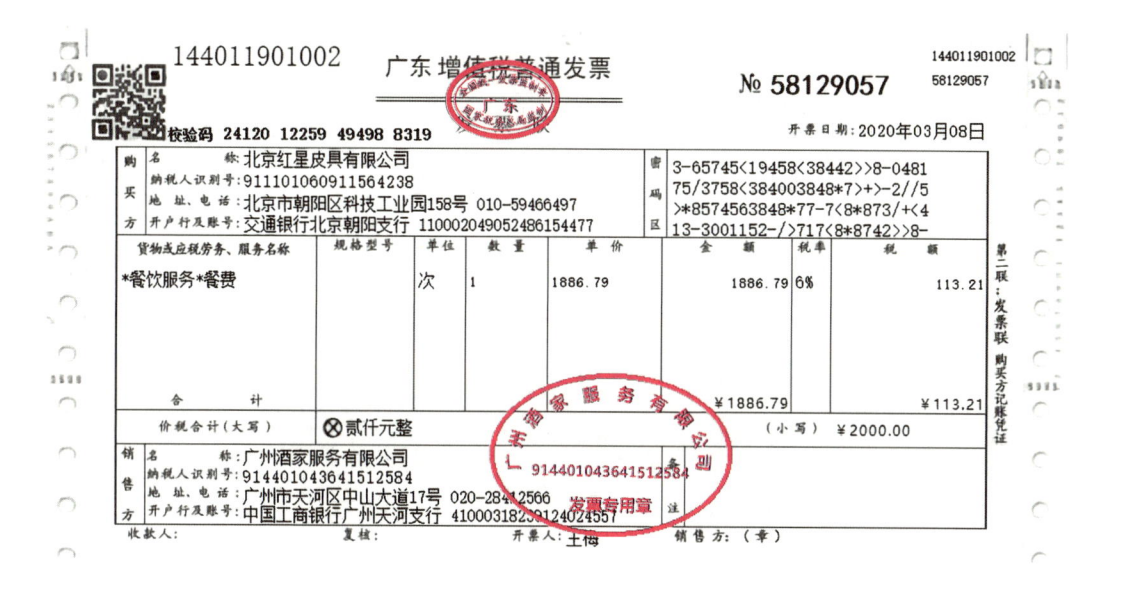

广东增值税普通发票							No 58129057	144011901002 58129057
144011901002 校验码 24120 12259 49498 8319							开票日期：2020年03月08日	
购买方	名　称	北京红星皮具有限公司					密码区	3-65745<19458<38442>>8-0481 75/3758<384003848*7>+>-2//5 >*8574563848*77-7<8*873/+<4 13-3001152-/>717<8*8742>>8-
	纳税人识别号	911101060911564238						
	地址、电话	北京市朝阳区科技工业园158号 010-59466497						
	开户行及账号	交通银行北京朝阳支行 110002049052486154477						
货物或应税劳务、服务名称		规格型号	单位	数量	单价	金额	税率	税额
*餐饮服务*餐费			次	1	1886.79	1886.79	6%	113.21
合　　计						￥1886.79		￥113.21
价税合计（大写）		⊗ 贰仟元整				（小写）￥2000.00		
销售方	名　称	广州酒家服务有限公司				备注		
	纳税人识别号	914401043641512584						
	地址、电话	广州市天河区中山大道17号 020-28412566						
	开户行及账号	中国工商银行广州天河支行 41000318239124024557						
收款人：		复核：		开票人：王梅		销售方：（章）		

任务 25-6

广东增值税普通发票							No 58135058	144011901002 58135058
144011901002 校验码 41120 12531 46560 46210							开票日期：2020年03月08日	
购买方	名　称	北京红星皮具有限公司					密码区	3-65745<19425<38442>>8-0481 75/3758<384003848*7>+>-2//2 >*8574563848*77-7<8*873/+<9 13-3211152-/>717<8*8742>>8-
	纳税人识别号	911101060911564238						
	地址、电话	北京市朝阳区科技工业园158号 010-59466497						
	开户行及账号	交通银行北京朝阳支行 110002049052486154477						
货物或应税劳务、服务名称		规格型号	单位	数量	单价	金额	税率	税额
*餐饮服务*餐费			次	1	283.02	283.02	6%	16.98
合　　计						￥283.02		￥16.98
价税合计（大写）		⊗ 叁佰元整				（小写）￥300.00		
销售方	名　称	广州七天连锁酒店				备注		
	纳税人识别号	914401043641514812						
	地址、电话	广州市天河区长江中路175号 020-28411101						
	开户行及账号	中国工商银行广州天河支行 41000318239124012558						
收款人：		复核：		开票人：张小敏		销售方：（章）		

任务 26：(自动生成记账凭证，业务 14)支付材料款

任务描述：10 日，支付北京汉森上月材料款。

背景单据：银行电子回单凭证(任务 26-1)。

提示：已锁定业务，需要解锁后完成(出纳岗位协同业务票据整理)，出纳岗位和审核会计岗位要认真选取原始单据和审核单据，一经审核通过系统无法返还。

现金流量：购买商品、接受劳务支付的现金 1 100 000 元。

任务 26-1(同任务 11-7)

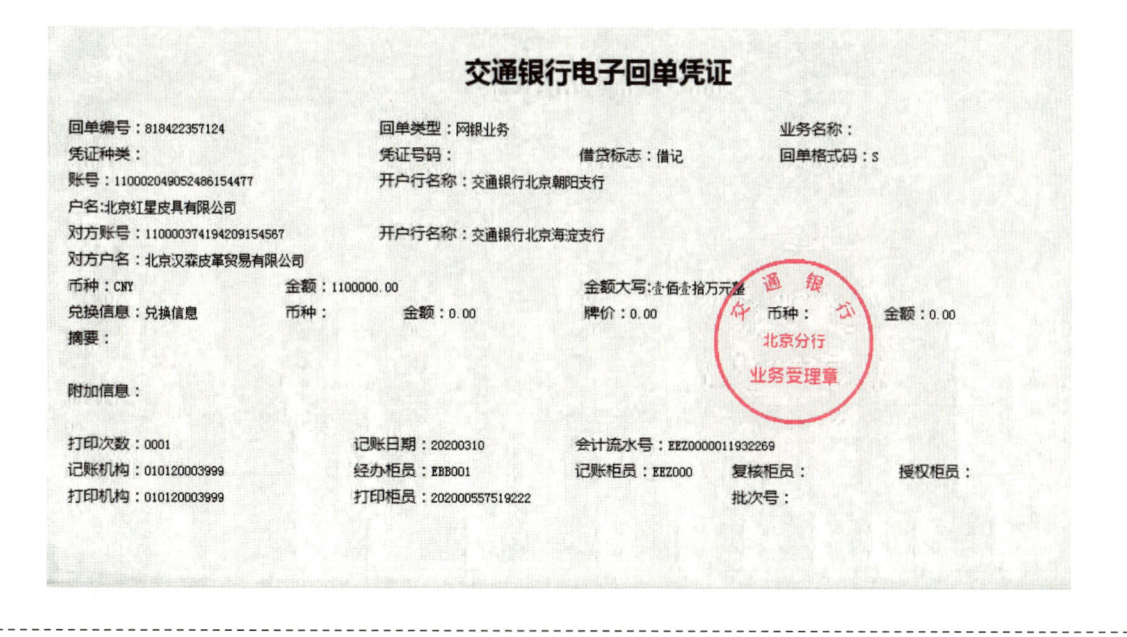

交通银行电子回单凭证

回单编号：818422357124	回单类型：网银业务		业务名称：
凭证种类：	凭证号码：	借贷标志：借记	回单格式码：S
账号：1100020490524861544477	开户行名称：交通银行北京朝阳支行		
户名：北京红星皮具有限公司			
对方账号：1100003741942091554567	开户行名称：交通银行北京海淀支行		
对方户名：北京汉森皮革贸易有限公司			
币种：CNY	金额：1100000.00	金额大写：壹佰壹拾万元整	
兑换信息：兑换信息	币种： 金额：0.00	牌价：0.00 币种：	金额：0.00
摘要：			
附加信息：			
打印次数：0001	记账日期：20200310	会计流水号：EEZ0000011932269	
记账机构：010120003999	经办柜员：EBB001	记账柜员：EEZ000 复核柜员：	授权柜员：
打印机构：010120003999	打印柜员：202000557519222	批次号：	

(盖章：交通银行北京分行业务受理章)

任务 27：(自动生成记账凭证，业务 15)购入固定资产

任务描述：10 日，购入需调试安装的固定资产，款已付。

背景单据：银行电子回单凭证(任务 27-1)、增值税专用发票(任务 27-2)。

提示：已锁定业务，需要解锁后完成(出纳岗位协同业务票据整理)，出纳岗位和审核会计岗位要认真选取原始单据和审核单据，一经审核通过系统无法返还。

现金流量：购建固定资产、无形资产和其他长期资产支付的现金 339 000 元。

任务 27-1（同任务 11-8）

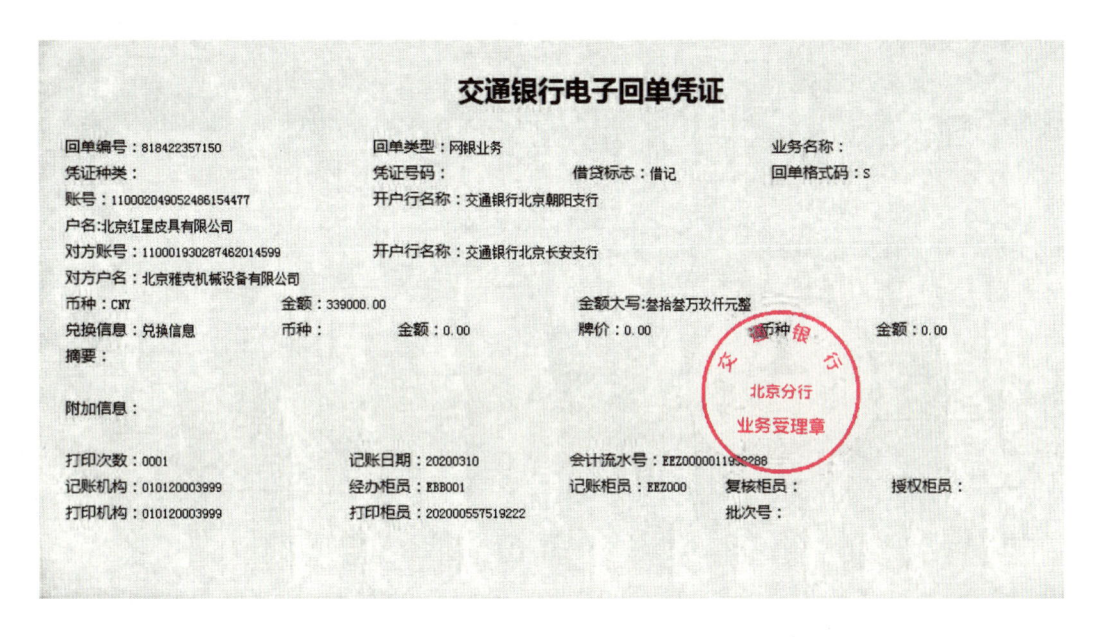

交通银行电子回单凭证

回单编号：818422357150	回单类型：网银业务		业务名称：
凭证种类：	凭证号码：	借贷标志：借记	回单格式码：S
账号：110002049052486154477	开户行名称：交通银行北京朝阳支行		
户名：北京红星皮具有限公司			
对方账号：110001930287462014599	开户行名称：交通银行北京长安支行		
对方户名：北京雅克机械设备有限公司			
币种：CNY	金额：339000.00	金额大写：叁拾叁万玖仟元整	
兑换信息：兑换信息	币种： 金额：0.00	牌价：0.00	币种： 金额：0.00
摘要：			
附加信息：			
打印次数：0001	记账日期：20200310	会计流水号：EEZ000001199288	
记账机构：010120003999	经办柜员：EBB001	记账柜员：EEZ000	复核柜员： 授权柜员：
打印机构：010120003999	打印柜员：202000557519222	批次号：	

（盖章：交通银行 北京分行 业务受理章）

任务 27-2（同任务 11-9）

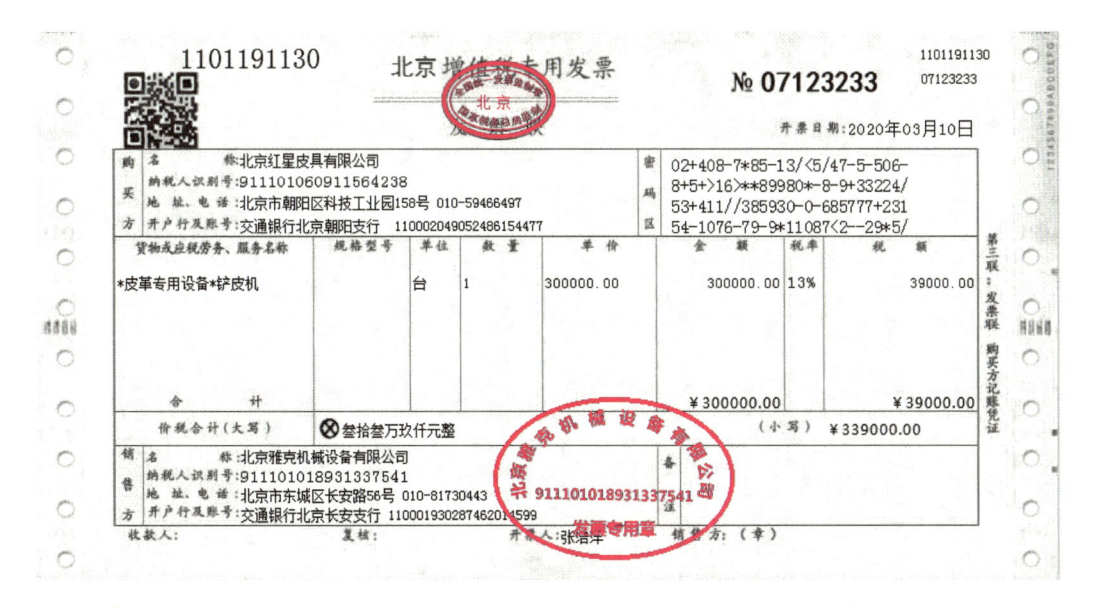

北京增值税专用发票　No 07123233
发票代码：1101191130
开票日期：2020年03月10日

密码区：02+408-7*85-13/<5/47-5-506-8+5+>16)**89980*-8-9*33224/53+411//385930-0-685777+231 54-1076-79-9*11087<2--29*5/

购买方：
名　称：北京红星皮具有限公司
纳税人识别号：911101060911564238
地　址、电话：北京市朝阳区科技工业园158号 010-59466497
开户行及账号：交通银行北京朝阳支行 110002049052486154477

货物或应税劳务、服务名称	规格型号	单位	数量	单价	金额	税率	税额
*皮革专用设备*铲皮机		台	1	300000.00	300000.00	13%	39000.00
合　计					￥300000.00		￥39000.00

价税合计（大写）：叁拾叁万玖仟元整　　（小写）￥339000.00

销售方：
名　称：北京雅克机械设备有限公司
纳税人识别号：911101018931337541
地　址、电话：北京市东城区长安路56号 010-81730443
开户行及账号：交通银行北京长安支行 110001930287462014599

收款人：　　　复核：　　　开票人：张浩洋　　　销售方：（章）

（盖章：北京雅克机械设备有限公司 发票专用章 911101018931337541）

任务 28：(业务 16)固定资产验收入库

任务描述：11 日，固定资产安装调试验收入库。
背景单据：固定资产验收单(任务 28-1)。

任务 28-1

固定资产验收单

资产编号	202003001	资产名称	铲皮机		
规格(编号)		资产代码	CPJ03	购置日期	2020年03月10日
计量单位	台	单价(元)	300000.00	金额(元)	300000.00
出厂日期	2019年11月16日	管理人	冯新新		
生产厂家	北京雅克机械设备有限公司	安装使用地点	生产车间		
附件情况					
固定资产验收情况说明：状态良好，调试完成可以投入使用。					

任务 29：(业务 17)预付审计费

任务描述：11 日，预付 30% 审计费。
背景单据：银行电子回单凭证(任务 29-1)。
现金流量：支付其他与经营活动有关的现金 10 000 元。

任务 29-1

交通银行电子回单凭证

回单编号：818422357694	回单类型：网银业务	业务名称：
凭证种类：	凭证号码：	借贷标志：借记	回单格式码：S
账号：110002049052486154477	开户行名称：交通银行北京朝阳支行	
户名：北京红星皮具有限公司		
对方账号：110000374194209126248	开户行名称：交通银行北京海淀支行	
对方户名：北京华兴会计师事务所		
币种：CNY	金额：10000.00	金额大写：壹万元整
兑换信息：兑换信息	币种： 金额：0.00	牌价：0.00	币种： 金额：0.00
摘要：			
附加信息：			
打印次数：0001	记账日期：20200311	会计流水号：EEZ000021032314
记账机构：010120003999	经办柜员：EBB001	记账柜员：EEZ000	复核柜员：	授权柜员：
打印机构：010120003999	打印柜员：202000557519222	批次号：

(交通银行北京分行业务受理章)

任务30:(业务18)报销研发费用

任务描述:12日,报销研发费用(不符合资本化支出)。
背景单据:增值税专用发票(任务30-1)、报销申请单(任务30-2)。
现金流量:支付其他与经营活动有关的现金2 260元。

任务30-1

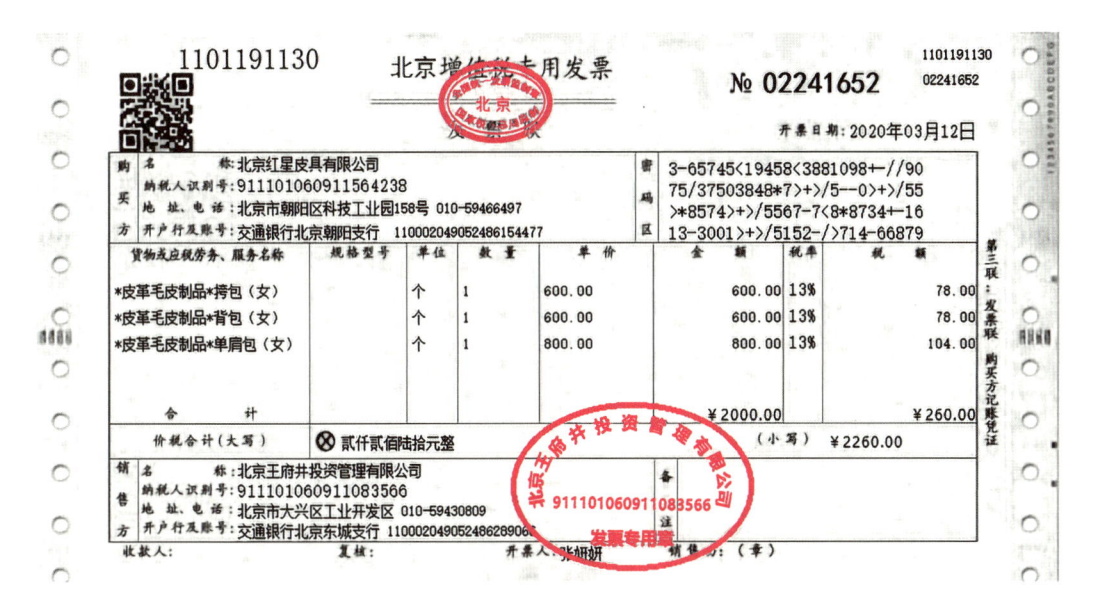

			北京增值税专用发票	No 02241652

开票日期:2020年03月12日

购买方:
名称:北京红星皮具有限公司
纳税人识别号:91110106091156423B
地址、电话:北京市朝阳区科技工业园158号 010-59466497
开户行及账号:交通银行北京朝阳支行 110002049052486154477

货物或应税劳务、服务名称	规格型号	单位	数量	单价	金额	税率	税额
*皮革毛皮制品*挎包(女)		个	1	600.00	600.00	13%	78.00
*皮革毛皮制品*背包(女)		个	1	600.00	600.00	13%	78.00
*皮革毛皮制品*单肩包(女)		个	1	800.00	800.00	13%	104.00
合计					¥2000.00		¥260.00

价税合计(大写) 贰仟贰佰陆拾元整 (小写)¥2260.00

销售方:
名称:北京王府井投资管理有限公司
纳税人识别号:911101060911083566
地址、电话:北京市大兴区工业开发区 010-59430809
开户行及账号:交通银行北京东城支行 110002049052486289063

收款人:夏梅 复核:张姐姐 开票人:张姐姐

任务30-2

报销申请单

填报日期:2020年 03 月 12 日

姓名	汤忠清	所属部门	研发部	现金付讫

报销项目	摘要	金额	备注
挎包(女)	报销研发费用	678.00	
背包(女)	报销研发费用	678.00	
单肩包(女)	报销研发费用	904.00	
合计		¥2260.00	

金额大写: ⊗拾 ⊗万 贰仟 贰佰 陆拾 零元 零角 零分

报销人:汤忠清 部门审核: 财务审核:李春梅 审批:邓伟丰

任务 31：(业务 19)购入辅助材料

任务描述：12 日，购入辅助材料，款已付。

背景单据：增值税专用发票(任务 31-1)、收料单(任务 31-2)、银行电子回单凭证(任务 31-3)。

现金流量：购买商品、接受劳务支付的现金 62 240.40 元。

任务 31-1

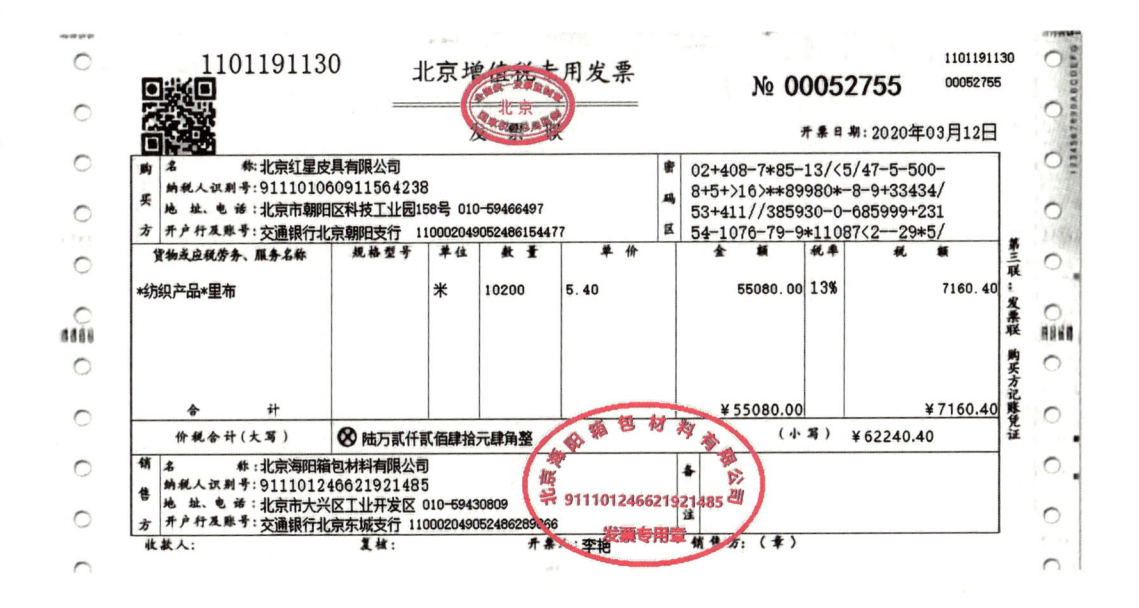

北京增值税专用发票 № 00052755
开票日期：2020年03月12日

购买方：
- 名称：北京红星皮具有限公司
- 纳税人识别号：911101060911564238
- 地址、电话：北京市朝阳区科技工业园158号 010-59466497
- 开户行及账号：交通银行北京朝阳支行 110002049052486154477

货物或应税劳务、服务名称	规格型号	单位	数量	单价	金额	税率	税额
*纺织产品*里布		米	10200	5.40	55080.00	13%	7160.40
合计					¥55080.00		¥7160.40

价税合计(大写)：陆万贰仟贰佰肆拾元肆角整　(小写)¥62240.40

销售方：
- 名称：北京海阳箱包材料有限公司
- 纳税人识别号：91110124662192148 5
- 地址、电话：北京市大兴区工业开发区 010-59430809
- 开户行及账号：交通银行北京东城支行 110002049052486289066

收款人：　　复核：　　开票人：李艳　　销售方：(章)

任务 31-2

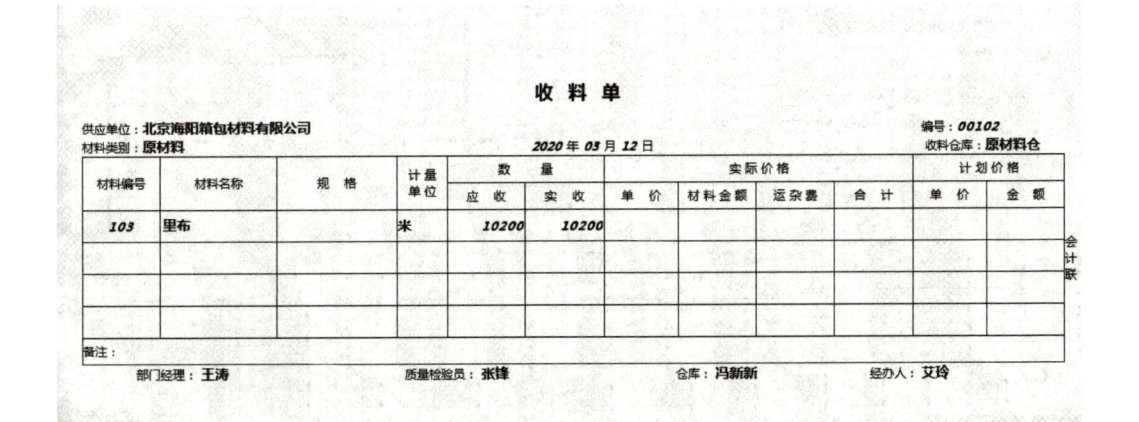

收料单

供应单位：北京海阳箱包材料有限公司　　　　编号：00102
材料类别：原材料　　2020 年 03 月 12 日　　收料仓库：原材料仓

材料编号	材料名称	规格	计量单位	数量 应收	数量 实收	实际价格 单价	实际价格 材料金额	实际价格 运杂费	实际价格 合计	计划价格 单价	计划价格 金额
103	里布		米	10200	10200						

备注：
部门经理：王涛　　质量检验员：张锋　　仓库：冯新新　　经办人：艾玲

任务 31-3

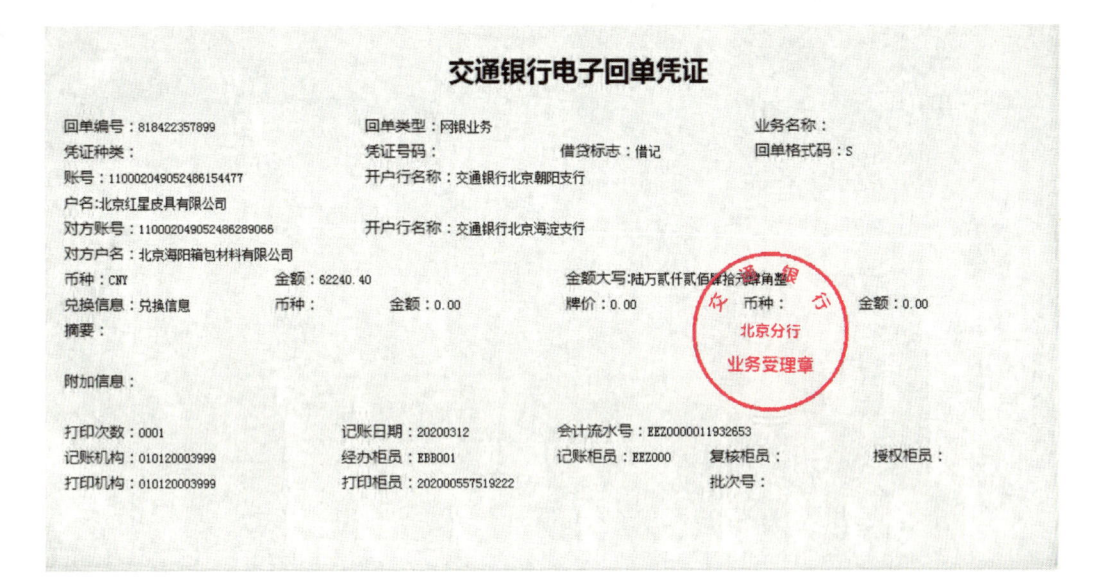

交通银行电子回单凭证

回单编号：818422357899	回单类型：网银业务		业务名称：
凭证种类：	凭证号码：	借贷标志：借记	回单格式码：S
账号：110002049052486154477	开户行名称：交通银行北京朝阳支行		
户名：北京红星皮具有限公司			
对方账号：110002049052486289066	开户行名称：交通银行北京海淀支行		
对方户名：北京海阳箱包材料有限公司			
币种：CNY	金额：62240.40	金额大写：陆万贰仟贰佰肆拾元肆角整	
兑换信息：兑换信息	币种：	金额：0.00	牌价：0.00	币种：	金额：0.00
摘要：			
附加信息：			
打印次数：0001	记账日期：20200312	会计流水号：EEZ0000011932653	
记账机构：010120003999	经办柜员：EBB001	记账柜员：EEZ000	复核柜员：	授权柜员：
打印机构：010120003999	打印柜员：202000557519222		批次号：

（北京分行业务受理章）

任务 32：(业务 20)购入五金材料

任务描述：12 日，购入五金材料，款未付。

背景单据：增值税专用发票(任务 32-1)、收料单(任务 32-2)、收料单(任务 32-3)。

任务 32-1

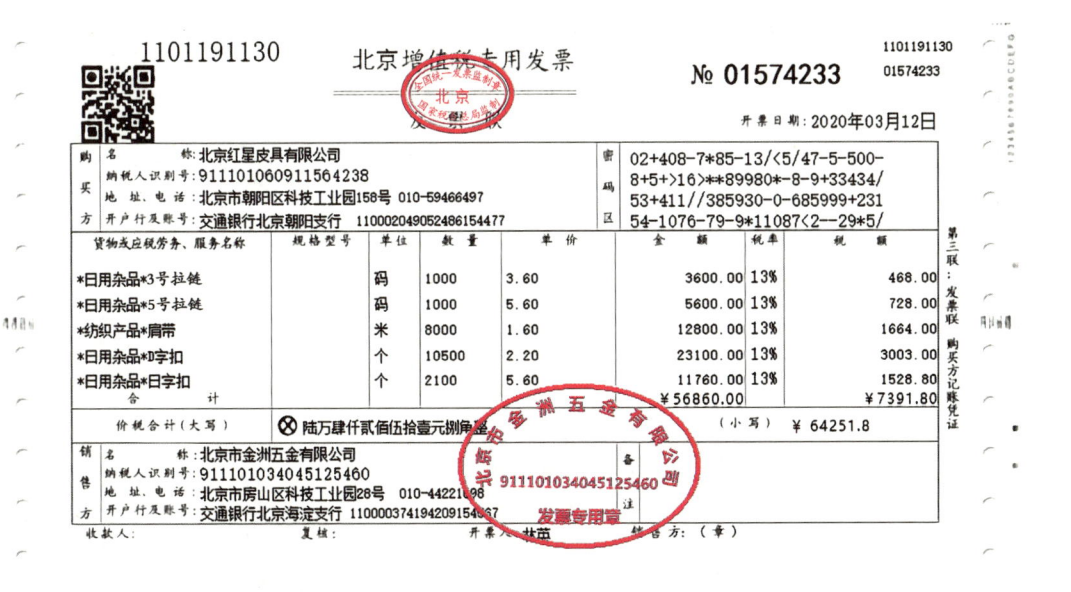

北京增值税专用发票 №01574233

开票日期：2020年03月12日

购买方：
名称：北京红星皮具有限公司
纳税人识别号：911101060911564238
地址、电话：北京市朝阳区科技工业园158号 010-59466497
开户行及账号：交通银行北京朝阳支行 110002049052486154477

货物或应税劳务、服务名称	规格型号	单位	数量	单价	金额	税率	税额
*日用杂品*3号拉链		码	1000	3.60	3600.00	13%	468.00
*日用杂品*5号拉链		码	1000	5.60	5600.00	13%	728.00
*纺织产品*肩带		米	8000	1.60	12800.00	13%	1664.00
*日用杂品*D字扣		个	10500	2.20	23100.00	13%	3003.00
*日用杂品*日字扣		个	2100	5.60	11760.00	13%	1528.80
合　　计					￥56860.00		￥7391.80

价税合计(大写) ⊗陆万肆仟贰佰伍拾壹元捌角整　(小写) ￥64251.8

销售方：
名称：北京市金洲五金有限公司
纳税人识别号：911101034045125460
地址、电话：北京市房山区科技工业园28号 010-44221696
开户行及账号：交通银行北京海淀支行 110000374194209154467

收款人：　　　　复核：　　　　开票人：杜茵　　　　销售方：(章)

任务 32-2

收 料 单

供应单位：北京市金洲五金有限公司　　　　　　　　　　　　　　　　　　　编号：00103
材料类别：原材料　　　　　　　　　2020 年 03 月 12 日　　　　　　　　　收料仓库：原材料仓

材料编号	材料名称	规格	计量单位	数量 应收	数量 实收	实际价格 单价	实际价格 材料金额	实际价格 运杂费	实际价格 合计	计划价格 单价	计划价格 金额
203	3号拉链		码	1000	1000						
204	5号拉链		码	1000	1000						
205	D字扣		个	10500	10500						
206	日字扣		个	2100	2100						

备注：
部门经理：王涛　　　质量检验员：张锋　　　仓库：冯新新　　　经办人：艾玲

会计联

任务 32-3

收 料 单

供应单位：北京市金洲五金有限公司　　　　　　　　　　　　　　　　　　　编号：00104
材料类别：原材料　　　　　　　　　2020 年 03 月 12 日　　　　　　　　　收料仓库：原材料仓

材料编号	材料名称	规格	计量单位	数量 应收	数量 实收	实际价格 单价	实际价格 材料金额	实际价格 运杂费	实际价格 合计	计划价格 单价	计划价格 金额
207	肩带		米	8000	8000						

备注：
部门经理：王涛　　　质量检验员：张锋　　　仓库：冯新新　　　经办人：艾玲

会计联

任务 33:(业务 21)债务重组

任务描述: 12 日,因北京鸿丰皮具有限公司发生财务困难,无法偿还 2018 年 8 月份所欠本公司的货款 20 万元,经协商,本公司同意北京鸿丰皮具有限公司以其新购入的中央空调偿还债务。公司已对该应收账款计提坏账准备 4 000.00 元(收到的中央空调,还未安装验收)。

背景单据: 增值税专用发票(任务 33-1)、债务重组协议(任务 33-2)。

任务 33-1

货物或应税劳务、服务名称	规格型号	单位	数量	单价	金额	税率	税额
*制冷空调设备*空调		台	1	100000.00	100000.00	13%	13000.00
合计					¥100000.00		¥13000.00

购买方:北京红星皮具有限公司
纳税人识别号:91110106091156 4238
地址、电话:北京市朝阳区科技工业园158号 010-59466497
开户行及账号:交通银行北京朝阳支行 110002049052486154477

销售方:北京鸿丰皮具有限公司
纳税人识别号:911101018931332243
地址、电话:北京市东城区长安路293号 010-81730557
开户行及账号:交通银行北京长安支行 110001930287462017466

发票号码:07123565
开票日期:2020年03月12日
价税合计(大写):壹拾壹万叁仟元整 (小写)¥113000.00

任务33-2

债务重组协议

债权人(以下简称甲方):北京红星皮具有限公司

债务人(以下简称乙方):北京鸿丰皮具有限公司

鉴于:

1. 甲方系依据中国法律在中国境内设立并合法存续的独立法人,具有履行本协议的权利能力和行为能力,有权独立作出处置自有资产决定,包括处置自有债权债务的决定;

2. 乙方系依据中国法律在中国境内设立并合法存续的独立法人,具有履行本协议的权利能力和行为能力,有权独立作出处置自有资产决定,包括处置自有债权债务的决定;

3. 协议双方有意就其因长期业务往来形成债权债务关系,进行相应的调整以实现债务重组的目的。

有鉴于此,甲乙双方经友好协商达成如下债务重组协议,以兹共同遵守:

一、截至本协议签署之时,乙方尚欠甲方货款人民币贰拾万元整(￥200 000.00)。

二、由于乙方生产经营遇到了前所未有的困难,资金匮乏,短期内无法偿付所欠甲方贷款。双方经协商,进行债务重组。北京红星皮具有限公司同意北京鸿丰皮具有限公司以其新购入的中央空调1套抵偿债务。该中央空调的市场价格(不含税)为人民币壹拾万元整(￥100 000.00),剩余债务给予免除。

……

十、协议生效及其他

(1) 本协议自双方代表签字并加盖公章之日起生效。

(2) 本协议如有未尽事宜,由协议各方协商后另行签署相关补充协议。

(3) 本协议正本一式两份,协议各方均持一份,均有同等法律效力。

甲方(盖章):北京红星皮具有限公司　　　　乙方(盖章):北京鸿丰皮具有限公司

法定代表人:邓伟丰　　　　　　　　　　　　法定代表人:李思翰

日期:2020年03月12日　　　　　　　　　　　日期:2020年03月12日

任务 34:(业务 22)中央空调安装验收

任务描述: 15日,中央空调安装验收。
背景单据: 固定资产验收单(任务 34-1)。

任务 34-1

固定资产验收单

资产编号	202003007	资产名称	中央空调		
规格(编号)		资产代码	ZYKT03	购置日期	2020年03月13日
计量单位	台	单价(元)	100000.00	金额(元)	100000.00
出厂日期	2020年03月10日	管理人	沈银珠		
生产厂家	北京神州制冷设备有限公司	安装使用地点	办公楼		
附件情况					

固定资产验收情况说明:
安装完成,可以正常使用。

任务 35:(业务 23)发放上月工资

任务描述: 15日,发放上月工资(研发部门工资上月计入资本化支出)。
背景单据: 工资结算汇总表(任务 35-1)、转账支票存根(任务 35-2)、进账单(任务 35-3)、批量成功代付清单(任务 35-4)。
现金流量: 支付给职工以及为职工支付的现金 483 854.08 元。
购建固定资产、无形资产和其他长期资产支付的现金 44 384.60 元。
提示: 研发部门支付的现金流量属于投资活动产生的现金流量。

任务 35-1

工资结算汇总表

2020 年 02 月 29 日　　　　　　　　　　　　　　　　　金额单位:元

部门		短期薪酬		代扣工资				个人所得税	小计	实发金额
		应付工资	三险一金基数	养老保险 8.00%	失业保险 0.20%	医疗保险 2%	住房公积金 12.00%			
生产车间	生产工人	450 110.00	447 040.00	35 763.20	894.08	9 204.80	53 644.80	0	99 506.88	350 603.12
	管理人员	35 200.00	33 000.00	2 640.00	66.00	678.00	3 960.00	57.50	7 401.50	27 798.50
管理部门		81 040.00	80 600.00	6 448.00	161.20	1 651.00	9 672.00	1 320.00	19 252.20	61 787.80
研发部门		56 550.00	52 200.00	4 176.00	104.40	1 071.00	6 264.00	550.00	12 165.40	44 384.60
销售部门		55 220.00	46 400.00	3 712.00	92.80	952.00	5 568.00	1 230.54	11 555.34	43 664.66
合计		678 120.00	659 240.00	52 739.20	1 318.48	13 556.80	79 108.80	3 158.04	149 881.32	528 238.68

审核:李春梅　　　　　　　　　　　　　　　　　　　　　　　制单:王秀玲

任务 35-2

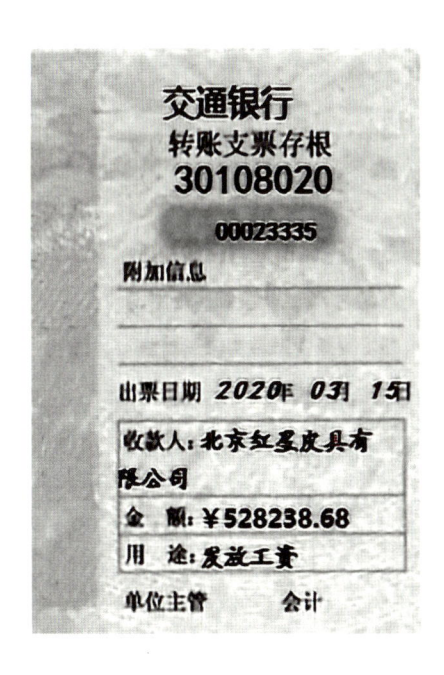

交通银行
转账支票存根
30108020

00023335

附加信息

出票日期 2020 年 03 月 15 日
收款人:北京红星皮具有限公司
金　额:¥528238.68
用　途:发放工资

单位主管　　　会计

任务 35-3

交通银行 进账单（回 单） 1

2020 年 03 月 15 日

出票人	全 称	北京红星皮具有限公司	收款人	全 称	北京红星皮具有限公司
	账 号	110002049052486154477		账 号	110002080906814053542
	开户银行	交通银行北京朝阳支行		开户银行	交通银行北京朝阳支行

金额 人民币（大写）：伍拾贰万捌仟贰佰叁拾捌元陆角捌分　¥ 528 238.68

票据种类：转账支票　票据张数：1

票据号码：00023335

（盖章：交通银行北京朝阳支行 2020年03月15日 业务专用章（02））

复核　记账　　　　开户银行签章

此联是开户银行交给持票人的回单

任务 35-4

特色业务交通银行北京支行批量成功代付清单

机构代码：519　　机构名称：交通银行北京朝阳支行　　入账日期：2020 年 03 月 15 日

账号	姓名	金额
6222605810457922481	陈国梁	3 284.1
6222605810457922482	杜文涛	3 960
6222605810457922483	张 达	3 688
6222605810457922484	李燕燕	3 860.8
6222605810457922486	陈 芳	4 251.6
6222605810457922490	王伟锋	2 988
……	……	……
合计		528 238.68

任务 36：(业务 24)缴纳住房公积金

任务描述：15 日，缴纳住房公积金。

背景单据：住房公积金计算表(任务 36-1)、转账支票存根(任务 36-2)、住房公积金汇(补)缴书(任务 36-3)。

现金流量：支付给职工以及为职工支付的现金 129 504 元。

购建固定资产、无形资产和其他长期资产支付的现金 12 528 元。

提示：研发部门支付的现金流量属于投资活动产生的现金流量。

任务 36-1

住房公积金计算表

2020 年 03 月 15 日　　　　　　　　　　　　　　　金额单位：元

部门		缴费基数	短期薪酬(住房公积金)		小计
			企业承担部分 12.00%	个人承担部分 12.00%	
生产车间	生产工人	355 600	42 672	42 672	85 344
	管理人员	33 000	3 960	3 960	7 920
管理部门		93 000	11 160	11 160	22 320
研发部门		52 200	6 264	6 264	12 528
销售部门		58 000	6 960	6 960	13 920
合计		591 800	71 016	71 016	142 032

任务 36-2

交通银行
转账支票存根
30108020
00023336

附加信息

出票日期 2020 年 03 月 15 日
收款人：北京红星皮具有限公司
金　额：¥142032.00
用　途：公积金

单位主管　　　会计

任务 36-3

```
住房公积金汇（补）缴书  No 59103282
           2020 年 03 月 15 日         附：缴存变更清册 页

缴款单位  单位名称  北京红星皮具有限公司   收款单位  单位名称  北京红星皮具有限公司
         单位账号  11000204905248 6154477          公积金账号  11000788096981 4084263
         开户银行  交通银行北京朝阳支行              开户银行  交通银行北京朝阳支行

缴款类型  ☑汇缴  □补缴       补缴原因
缴款人数  130   缴款时间  2020 年 03 月至 2020 年 03 月  月数  1
缴款方式  □现金  ☑转账                    百十万千百十元角分
金额（大写）  人民币 壹拾肆万贰仟零叁拾贰元整     ￥ 1 4 2 0 3 2 0 0

   上次汇缴        本次增加汇缴         本次减少汇缴        本次汇（补）缴
  人数   金额    人数     金额      人数    金额     人数    金额

上述款项已划转至市住房公积金管理中心住房公积金存款户内。（银行盖章）
复核：            经办：            年  月  日
```

（交通银行北京朝阳支行 2020.03.15 转讫(01)）

任务 37：(业务 25) 缴纳社会保险

任务描述：15 日，缴纳社会保险费。

背景单据：社会保险费计算单（任务 37-1）、银行电子缴税付款凭证（任务 37-2）。

现金流量：支付给职工以及为职工支付的现金 205 399 元。

购建固定资产、无形资产和其他长期资产支付的现金 19 863 元。

提示：研发部门支付的现金流量属于投资活动产生的现金流量。

任务 37-1

社会保险费计算表

2020 年 03 月 15 日 　　　　　　　　　　　　　　　金额单位：元

部门		缴费基数	短期薪酬 医疗保险 企业承担部分 10.80%	医疗保险 个人承担部分 2%浮动	工伤保险 全部企业承担 0.20%	离职后福利 养老保险 企业承担部分 16.00%	养老保险 个人承担部分 8.00%	失业保险 企业承担部分 0.80%	失业保险 个人承担部分 0.20%	小计
生产车间	生产工人	355 600.00	38 404.80	7 382.00	711.20	56 896.00	28 448.00	2 844.80	711.20	135 398.00
	管理人员	33 000.00	3 564.00	678.00	66.00	5 280.00	2 640.00	264.00	66.00	12 558.00
管理部门		93 000.00	10 044.00	1 899.00	186.00	14 880.00	7 440.00	744.00	186.00	35 379.00
研发部门		52 200.00	5 637.60	1 071.00	104.40	8 352.00	4 176.00	417.60	104.40	19 863.00
销售部门		58 000.00	6 264.00	1 184.00	116.00	9 280.00	4 640.00	464.00	116.00	22 064.00
合计		591 800.00	63 914.40	12 214.00	1 183.60	94 688.00	47 344.00	4 734.40	1 183.60	225 262.00

审核：李春梅　　　　　　　　　　　　　　　　　　　　　　　　　　　制单：王秀玲

任务 37-2

交通银行电子缴税付款凭证

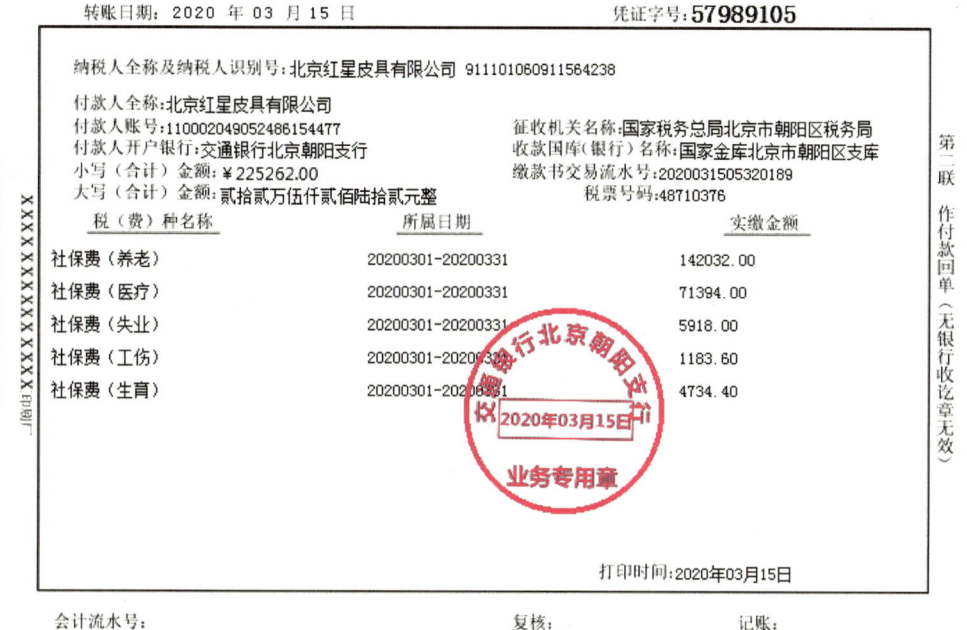

转账日期：2020 年 03 月 15 日　　　　　凭证字号：57989105

纳税人全称及纳税人识别号：北京红星皮具有限公司 911101060911564238
付款人全称：北京红星皮具有限公司
付款人账号：11000204905248615477　　　征收机关名称：国家税务总局北京市朝阳区税务局
付款人开户银行：交通银行北京朝阳支行　　收款国库(银行)名称：国家金库北京市朝阳区支库
小写(合计)金额：¥225262.00　　　　　　缴款书交易流水号：2020031505320189
大写(合计)金额：贰拾贰万伍仟贰佰陆拾贰元整　税票号码：48710376

税(费)种名称	所属日期	实缴金额
社保费(养老)	20200301-20200331	142032.00
社保费(医疗)	20200301-20200331	71394.00
社保费(失业)	20200301-20200331	5918.00
社保费(工伤)	20200301-20200331	1183.60
社保费(生育)	20200301-20200331	4734.40

打印时间：2020年03月15日

会计流水号：　　　　　　复核：　　　　　　记账：

任务38：(业务26)拨缴上月工会经费

任务描述：15日，拨缴上月工会经费（研发部门工资上月计入资本化支出）。

背景单据：转账支票存根（任务38-1）、银行电子缴税付款凭证（任务38-2）、工会专用结算凭证（任务38-3）。

现金流量：支付给职工以及为职工支付的现金 12 431.4 元。

购建固定资产、无形资产和其他长期资产支付的现金 1 131 元。

提示：研发部门支付的现金流量属于投资活动产生的现金流量。

任务 38-1

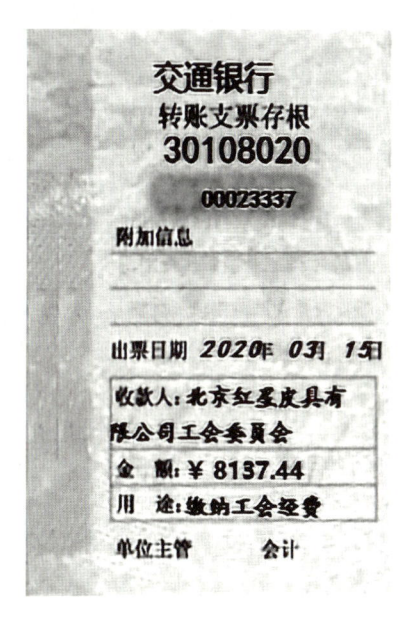

交通银行
转账支票存根
30108020
00023337

附加信息

出票日期 2020年 03月 15日
收款人：北京红星皮具有限公司工会委员会
金额：¥8137.44
用途：缴纳工会经费
单位主管　　会计

任务 38-2

交通银行电子缴税付款凭证

转账日期：2020 年 03 月 15 日　　　　　凭证字号：57989228

纳税人全称及纳税人识别号：北京红星皮具有限公司 911101060911564238	
付款人全称：北京红星皮具有限公司	征收机关名称：国家税务总局北京市朝阳区税务局
付款人账号：110002049052486154477	收款国库（银行）名称：国家金库北京市朝阳区支库
付款人开户银行：交通银行北京朝阳支行	缴款书交易流水号：2020031505320368
小写（合计）金额：¥5424.96	税票号码：48710492
大写（合计）金额：伍仟肆佰贰拾肆元玖角陆分	

税（费）种名称	所属日期	实缴金额
工会经费	20200201-20200229	5424.96

（盖章：交通银行北京朝阳支行 2020年03月15日 业务专用章）

第二联 作付款回单（无银行收讫章无效）

打印时间：2020年03月15日

会计流水号：　　　　复核：　　　　记账：

任务 38-3

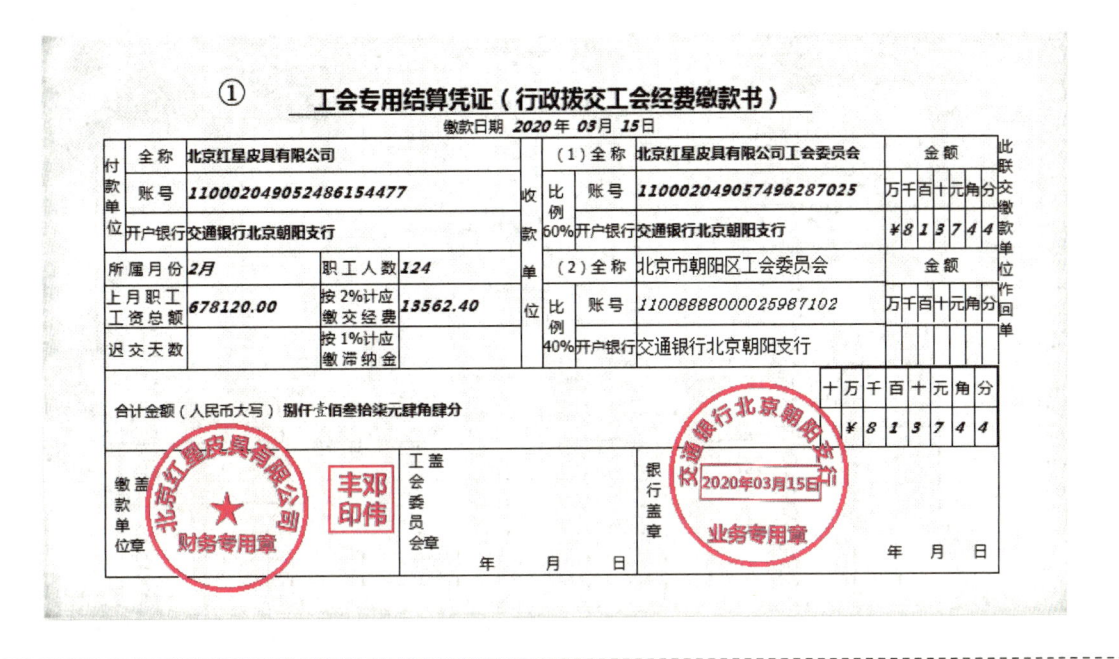

① 工会专用结算凭证（行政拨交工会经费缴款书）

缴款日期 2020 年 03 月 15 日

付款单位	全称	北京红星皮具有限公司		收款单位	(1) 全称	北京红星皮具有限公司工会委员会	金额	此联交缴款单位作回单
	账号	110002049052486154477			账号	110002049057496287025	万千百十元角分	
	开户银行	交通银行北京朝阳支行		比例 60%	开户银行	交通银行北京朝阳支行	¥8 1 3 7 4 4	
所属月份	2月	职工人数	124		(2) 全称	北京市朝阳区工会委员会	金额	
上月职工工资总额	678120.00	按2%计应缴交经费	13562.40	比例 40%	账号	11008888000025987102	万千百十元角分	
迟交天数		按1%计应缴滞纳金			开户银行	交通银行北京朝阳支行		

合计金额（人民币大写）捌仟叁佰拾柒元肆角肆分

缴款单位盖章	工会委员会章	银行盖章						¥ 8 1 3 7 4 4

任务 39:（业务 27）缴纳税费

任务描述：15 日，缴纳各项税费。

背景单据：银行电子缴税付款凭证（任务 39-1）、银行电子缴税付款凭证（任务 39-2）、银行电子缴税付款凭证（任务 39-3）。

现金流量：支付给职工以及为职工支付的现金 2 608.04 元。

购建固定资产、无形资产和其他长期资产支付的现金 550 元。

支付的各项税费 163 783.20 元。

提示：个人所得税属于支付给职工以及为职工支付的现金（其中研发部门人员个人所得税单独计入购建固定资产、无形资产和其他长期资产支付的现金），其他税费正常。

任务39-1

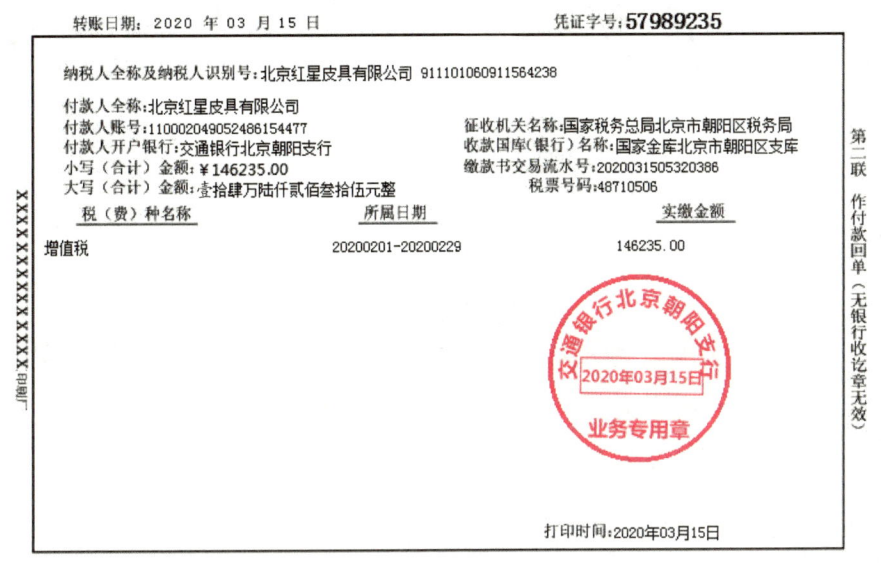

交通银行电子缴税付款凭证

转账日期：2020 年 03 月 15 日　　　　　　　　　凭证字号：57989235

纳税人全称及纳税人识别号：北京红星皮具有限公司　911101060911564238
付款人全称：北京红星皮具有限公司
付款人账号：110002049052486154477
付款人开户银行：交通银行北京朝阳支行
征收机关名称：国家税务总局北京市朝阳区税务局
收款国库(银行)名称：国家金库北京市朝阳区支库
小写(合计)金额：¥146235.00
大写(合计)金额：壹拾肆万陆仟贰佰叁拾伍元整
缴款书交易流水号：2020031505320386
税票号码：48710506

税（费）种名称	所属日期	实缴金额
增值税	20200201-20200229	146235.00

（盖章：交通银行北京朝阳支行 2020年03月15日 业务专用章）

打印时间：2020年03月15日

会计流水号：　　　　　复核：　　　　　记账：

第二联 作付款回单（无银行收讫章无效）

任务39-2

交通银行电子缴税付款凭证

转账日期：2020 年 03 月 15 日　　　　　　　　　凭证字号：57989236

纳税人全称及纳税人识别号：北京红星皮具有限公司　911101060911564238
付款人全称：北京红星皮具有限公司
付款人账号：110002049052486154477
付款人开户银行：交通银行北京朝阳支行
征收机关名称：国家税务总局北京市朝阳区税务局
收款国库(银行)名称：国家金库北京市朝阳区支库
小写(合计)金额：¥17548.20
大写(合计)金额：壹万柒仟伍佰肆拾捌元贰角整
缴款书交易流水号：2020031505320387
税票号码：48710507

税（费）种名称	所属日期	实缴金额
城市维护建设税	20200201-20200229	10236.45
教育费附加	20200201-20200229	4387.05
地方教育费附加	20200201-20200229	2924.7

（盖章：交通银行北京朝阳支行 2020年03月15日 业务专用章）

打印时间：2020年03月15日

会计流水号：　　　　　复核：　　　　　记账：

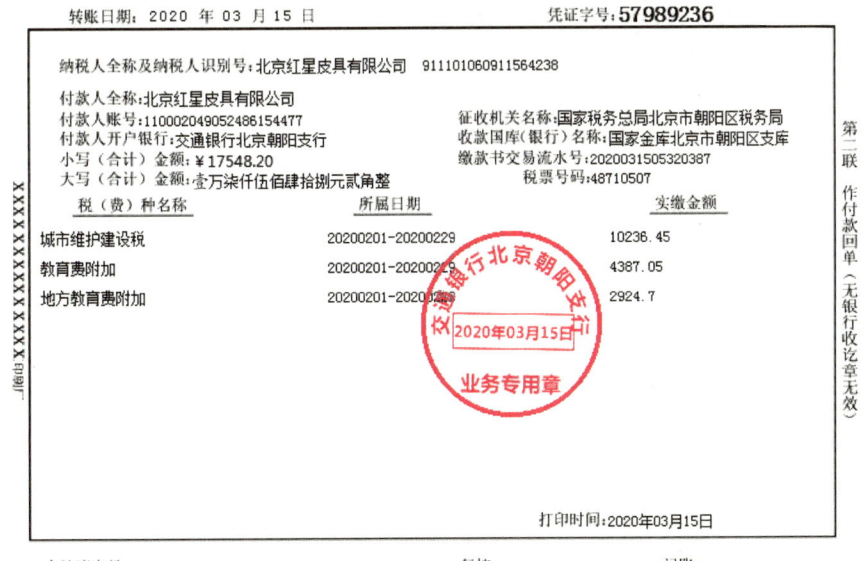

任务 39-3

交通银行电子缴税付款凭证

转账日期：2020 年 03 月 15 日　　　　　　　凭证字号：57989237

纳税人全称及纳税人识别号：北京红星皮具有限公司　911101060911564238
付款人全称：北京红星皮具有限公司
付款人账号：11000204905248615447
付款人开户银行：交通银行北京朝阳支行
小写（合计）金额：¥ 3158.04
大写（合计）金额：叁仟壹佰伍拾捌元零肆分

征收机关名称：国家税务总局北京市朝阳区税务局
收款国库（银行）名称：国家金库北京市朝阳区支库
缴款书交易流水号：2020031505320388
税票号码：48710508

税（费）种名称	所属日期	实缴金额
个人所得税	20200201-20200229	3158.04

（交通银行北京朝阳支行 2020年03月15日 业务专用章）

打印时间:2020年03月15日

会计流水号：　　　复核：　　　记账：

第二联 作付款回单（无银行收讫章无效）

任务 40：(业务 28)收到货款

任务描述：15 日，收到 6 日销售给北京乐亭货款。

背景单据：现金折扣计算表（任务 40-1）、银行电子回单凭证（任务 40-2）。

现金流量：销售商品、提供劳务收到的现金 1 059 947.91 元。

任务 40-1

现金折扣计算表

单位:元

产品名称	金额	税额	合计
H113 单肩女包	149 700.00	19 461.00	169 161.00
H213 挎包	238 050.00	30 946.50	268 996.50
M115 大号背包	299 700.00	38 961.00	338 661.00
M215 中号背包	269 700.00	35 061.00	304 761.00
合计	957 150.00	124 429.50	1 081 579.50
现金折扣方案	2/10	2/10	2/10
折扣金额	19 143.00	2 488.59	21 631.59
折扣金额	938 007.00	121 940.91	1 059 947.91

任务40-2

交通银行电子回单凭证

回单编号:818423553251	回单类型:网银业务	业务名称:
凭证种类:	凭证号码:	借贷标志:贷记	回单格式码:S
账号:110002049052486154477	开户行名称:交通银行北京朝阳支行
户名:北京红星皮具有限公司
对方账号:110000374194208755639	开户行名称:交通银行北京海淀支行
对方户名:北京乐亭皮具商贸有限公司
币种:CNY	金额:1059947.91	金额大写:壹佰零伍万玖仟肆佰肆拾柒元玖角壹分
兑换信息:兑换信息	币种:	金额:0.00	牌价:0.00	币种:	金额:0.00
摘要:
附加信息:
打印次数:0001	记账日期:20200315	会计流水号:EEZ0000011966130
记账机构:010120003999	经办柜员:EBB001	记账柜员:EEZ000	复核柜员:	授权柜员:
打印机构:010120003999	打印柜员:202000557519222	批次号:

（交通银行北京分行业务受理章）

任务41:(自动生成记账凭证,业务29)支付丝印费

任务描述:16日,支付上月丝印费用。

背景单据:银行电子回单凭证(任务41-1)。

提示:已锁定业务,需要解锁后完成(出纳岗位协同业务票据整理),出纳岗位和审核会计岗位要认真选取原始单据和审核单据,一经审核通过系统无法返还。

现金流量:购买商品、接受劳务支付的现金10 000元。

任务41-1(同任务11-5)

交通银行电子回单凭证

回单编号:818422357549	回单类型:网银业务	业务名称:
凭证种类:	凭证号码:	借贷标志:借记	回单格式码:S
账号:110002049052486154477	开户行名称:交通银行北京朝阳支行
户名:北京红星皮具有限公司
对方账号:464710121501232099918	开户行名称:建设银行北京群芳支行
对方户名:北京市春花丝印有限公司
币种:CNY	金额:10000.00	金额大写:壹万元整
兑换信息:兑换信息	币种:	金额:0.00	牌价:0.00	币种:	金额:0.00
摘要:
附加信息:
打印次数:0001	记账日期:20200316	会计流水号:EEZ0000012032218
记账机构:010120003999	经办柜员:EBB001	记账柜员:EEZ000	复核柜员:	授权柜员:
打印机构:010120003999	打印柜员:202000557519222	批次号:

（交通银行北京分行业务受理章）

任务 42：(业务 30)预付装修款

任务描述：16 日，预付办公室装修款(票到后计入当期费用)。

背景单据：银行电子回单凭证(任务 42-1)。

现金流量：支付其他与经营活动有关的现金 50 000 元。

任务 42-1

```
交通银行电子回单凭证

回单编号：818422357553        回单类型：网银业务              业务名称：
凭证种类：                    凭证号码：           借贷标志：借记    回单格式码：S
账    号：11000204905248615447 开户行名称：交通银行北京朝阳支行
户    名：北京红星皮具有限公司
对方账号：464710121501232066623 开户行名称：建设银行北京群芳支行
对方名称：北京蜜蜂装修有限公司
币    种：CNY                 金    额：50000.00              金额大写：伍万元整
兑换信息：兑换信息             币    种：        金额：0.00     牌价：0.00        币种：     金额：0.00
摘    要：
附加信息：

打印次数：0001                记账日期：20200316              会计流水号：EEZ0000012032220
记账机构：010120003999        经办柜员：EBB001                记账柜员：EEZ000    复核柜员：        授权柜员：
打印机构：010120003999        打印柜员：202000557519222        批次号：
```

任务 43：(业务 31)收到员工罚款

任务描述：17 日，收到员工违纪罚款。

背景单据：收款收据(任务 43-1)。

现金流量：收到其他与经营活动有关的现金 500 元。

任务 43-1

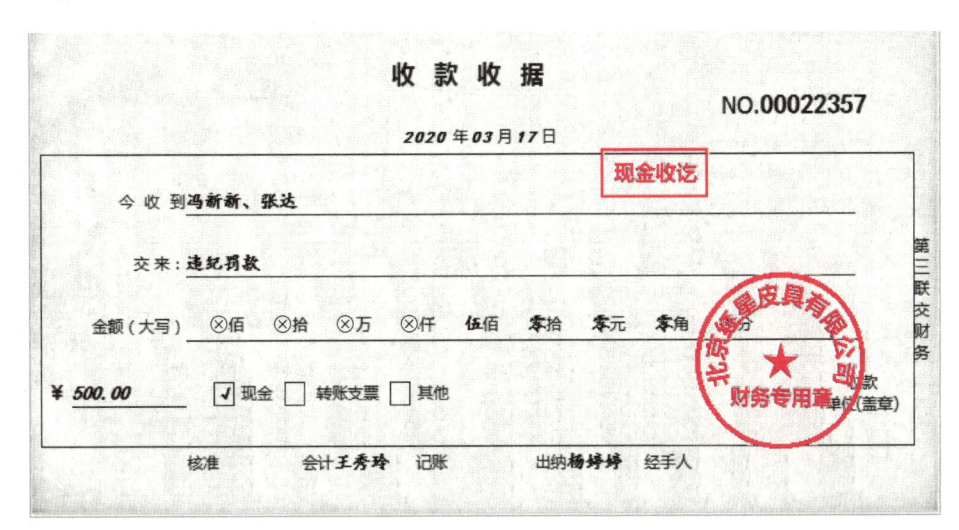

```
收 款 收 据                    NO.00022357
                   2020 年 03 月 17 日         现金收讫

今 收 到 冯新新、张达
交    来：违纪罚款
金额(大写)：⊗佰 ⊗拾 ⊗万 ⊗仟 伍佰 零拾 零元 零角
¥ 500.00   ☑现金 □转账支票 □其他

核准        会计 王秀玲   记账        出纳 杨婷婷   经手人
```

任务 44:(业务 32)报销车辆加油费

任务描述: 17 日,行政部报销车辆油费。

背景单据: 增值税专用发票(任务 44-1)、报销单(任务 44-2)。

现金流量: 支付其他与经营活动有关的现金 2 260 元。

任务 44-1

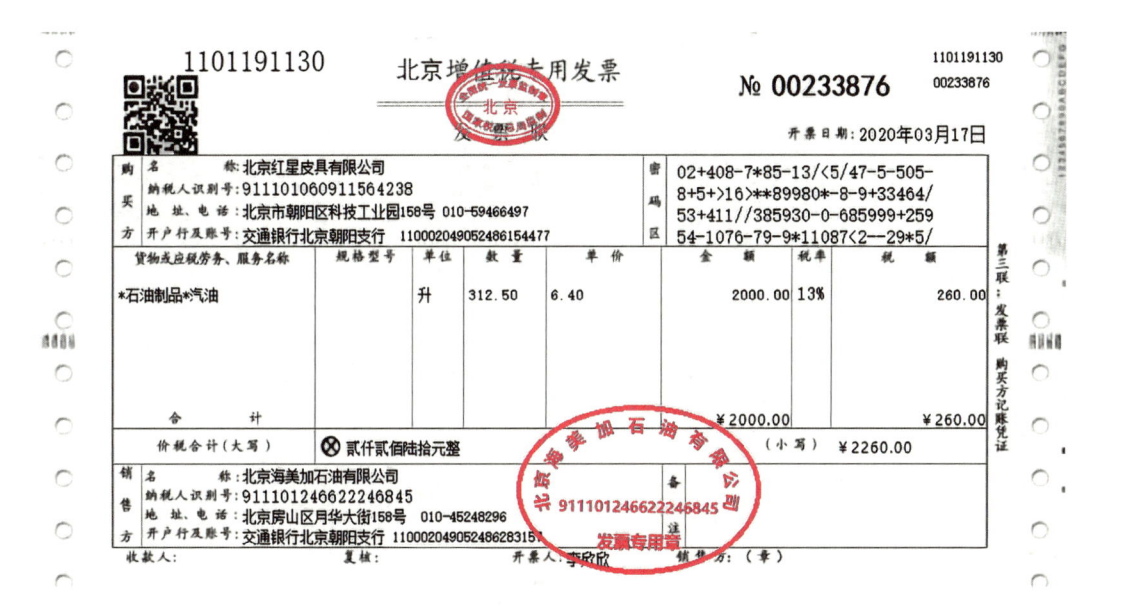

1101191130	北京增值税专用发票	№ 00233876				1101191130 00233876

开票日期:2020年03月17日

购买方:
名 称:北京红星皮具有限公司
纳税人识别号:91110106091156 4238
地 址、电 话:北京市朝阳区科技工业园158号 010-59466497
开户行及账号:交通银行北京朝阳支行 110002049052486154477

密码区:02+408-7*85-13/<5/47-5-505-8+5+>16)**89980*-8-9+33464/53-411//385930-0-685999+259 54-1076-79-9*11087<2--29*5/

货物或应税劳务、服务名称	规格型号	单位	数量	单价	金额	税率	税额
*石油制品*汽油		升	312.50	6.40	2000.00	13%	260.00
合 计					¥2000.00		¥260.00

价税合计(大写) ⊗ 贰仟贰佰陆拾元整 (小写) ¥2260.00

销售方:
名 称:北京海美加石油有限公司
纳税人识别号:91110124662224 6845
地 址、电 话:北京房山区月华大街158号 010-45248296
开户行及账号:交通银行北京朝阳支行 110002049052486283157

收款人:夏植 开票人:李欣欣 销售方:(章)

(发票专用章:北京海美加石油有限公司 91110124662224 6845)

任务 44-2

报 销 单

填报日期:2020年03月17日   单据及附件共 1 张

姓名	杨元涛	所属部门	管理部	报销形式	现金
				支票号码	

报销项目	摘要	金额	备注
车辆加油费		2260.00	**现金付讫**
合 计		¥2260.00	

金额大写 ⊗ 拾 ⊗ 万贰仟贰佰陆拾零元零角零分 原借款: 0元 应退(补)款:2260.00元

总经理:邓伟丰 财务经理:李春梅 部门经理: 会计:王秀玲 出纳:杨婷婷 报销人:杨元涛

任务 45：(业务 33)销售商品

任务描述：18 日，销售商品，款项未收。
背景单据：增值税专用发票(任务 45-1)、购销合同(任务 45-2)、销售单(任务 45-3)。

任务 45-1

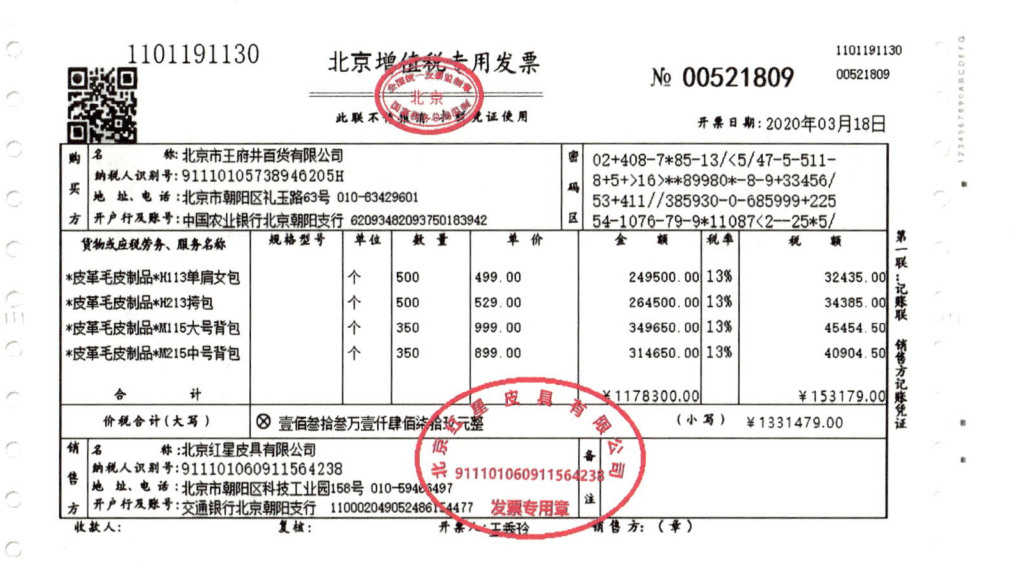

	北京增值税专用发票		No 00521809	1101191130 00521809

1101191130

此联不作报销、抵扣税证使用　　开票日期：2020年03月18日

购买方	名　　称：北京市王府井百货有限公司	密码区	02+408-7*85-13/<5/47-5-511-8+5+>16>**89980*-8-9+33456/53+411//385930-0-685999+225 54-1076-79-9*11087<2--25*5/
	纳税人识别号：91110105738946205H		
	地　址、电　话：北京市朝阳区礼玉路63号 010-63429601		
	开户行及账号：中国农业银行北京朝阳支行 62093482093750183942		

货物或应税劳务、服务名称	规格型号	单位	数量	单价	金额	税率	税额
*皮革毛皮制品*H113单肩女包		个	500	499.00	249500.00	13%	32435.00
*皮革毛皮制品*H213挎包		个	500	529.00	264500.00	13%	34385.00
*皮革毛皮制品*M115大号背包		个	350	999.00	349650.00	13%	45454.50
*皮革毛皮制品*M215中号背包		个	350	899.00	314650.00	13%	40904.50
合　计					¥1178300.00		¥153179.00

价税合计(大写)　⊗ 壹佰叁拾叁万壹仟肆佰柒拾玖元整　　(小写) ¥1331479.00

销售方	名　　称：北京红星皮具有限公司
	纳税人识别号：91110106091156423B
	地　址、电　话：北京市朝阳区科技工业园158号 010-59463497
	开户行及账号：交通银行北京朝阳支行 1100020490524861-4477

收款人：　　　　　复核：　　　　　开票人：王秀玲　　　　　销售方：(章)

任务 45-2

购销合同

购方：北京市王府井百货有限公司　　合同编号：202003001

销方：北京红星皮具有限公司　　签订时间：2020年03月10日

供需双方本着互利互惠、长期合作的原则，根据《中华人民共和国合同法》及双方的实际情况，就需方向供方采购事宜，订立本合同，以便双方在合同履行中共同遵守。

一、产品名称、数量、单价、金额：

产品名称	规格型号	计量单位	数量	单价	金额	备注
H113单肩女包		个	500	499.00	249500.00	
H213挎包		个	500	529.00	264500.00	
M115大号背包		个	350	999.00	349650.00	
M215中号背包		个	350	899.00	314650.00	
合计					1178300.00	

合计人民币(大写)：壹佰壹拾柒万捌仟叁佰元整

二、质量要求技术标准：供方对质量负责的条件和期限：按合同企业标准。

三、交(提)货地点、方式：北京市朝阳区礼玉路63号

四、付款时间与付款方式：
发货后25天内支付货款

任务 45-3

销售单

| 购货单位: | 北京市王府井百货有限公司 | 地址和电话: | 北京市朝阳区礼玉路63号 010-83429601 | | | | 单据编号: | xs1903002 |
| 纳税识别号: | 9111010573894620H | 开户行及账号: | 中国农业银行北京朝阳支行 62093482093750183942 | | | | 制单日期: | 2020.03.18 |

编码	产品名称	规格	单位	单价	数量	金额	备注
cp101	N113单肩女包		个	499.00	500.00	249500.00	不含税价
cp102	N213挎包		个	529.00	500	264500.00	
cp103	M115大号背包		个	999.00	350	349650.00	
cp104	M215中号背包		个	899.00	350	314650.00	
合计	人民币(大写): 壹佰壹拾柒万捌仟叁佰元整				—	¥1178300.00	

销售经理:王涛　　经手人:冯新新　　会计:王秀玲　　签收人:邹爱

任务 46:(业务 34)支付厂房设计费

任务描述: 20 日,支付厂房设计费(2 号厂房)。

背景单据: 银行电子回单凭证(任务 46-1)、增值税专用发票(任务 46-2)。

现金流量: 购建固定资产、无形资产和其他长期资产支付的现金 25 440 元。

任务 46-1

交通银行电子回单凭证

回单编号:	818422357549	回单类型:	网银业务	业务名称:	
凭证种类:		凭证号码:		借贷标志: 借记	回单格式码:S
账号:	110008987656225638655	开户行名称:	交通银行北京东城支行		
户名:	北京红星皮具有限公司				
对方账号:	110000374194209151128	开户行名称:	交通银行北京海淀支行		
对方户名:	北京市合乐设计有限公司				
币种:	CNY	金额:	25440.00	金额大写: 贰万伍仟肆佰肆拾元整	
兑换信息:	兑换信息	币种:	金额:0.00	牌价: 0.00	币种: 金额:0.00
摘要:					
附加信息:					

打印次数:	0001	记账日期:	20200320	会计流水号:	EEZ0000012033614	
记账机构:	010120003999	经办柜员:	EBB001	记账柜员:	EEZ000	复核柜员:	授权柜员:
打印机构:	010120003999	打印柜员:	20200055751922	批次号:		

任务 46-2

[北京增值税专用发票 No.20528176，开票日期：2020年03月20日
购买方：北京红星皮具有限公司，纳税人识别号911101060911564238，地址、电话：北京市朝阳区科技工业园158号 010-59466497，开户行及账号：交通银行北京朝阳支行 110002049052486154477
货物或应税劳务、服务名称：*设计服务*设计费，单位：次，数量：1，单价：24000.00，金额：24000.00，税率：6%，税额：1440.00
合计：¥24000.00 ¥1440.00
价税合计（大写）：贰万伍仟肆佰肆拾元整 ¥25440.00
销售方：北京市合乐设计有限公司，纳税人识别号911101051016735821，地址、电话：北京市朝阳区北四环东路69号 010-65529363，开户行及账号：交通银行北京海淀支行 110002069057833262289
开票人：李玉秀]

任务 47：(业务 35)票据贴现

任务描述：20 日，结合第 2 笔任务提供的贴现凭证，银行承兑汇票复印件，办理银行承兑汇票贴现相关信息化业务处理（该票据不附追索权）。

背景单据：贴现凭证（任务 47-1，出纳岗位协同业务）、银行承兑汇票（任务 47-2，出纳岗位协同业务）。

现金流量：销售商品、提供劳务收到的现金 593 880 元。

任务 47-1（同任务 2-2）

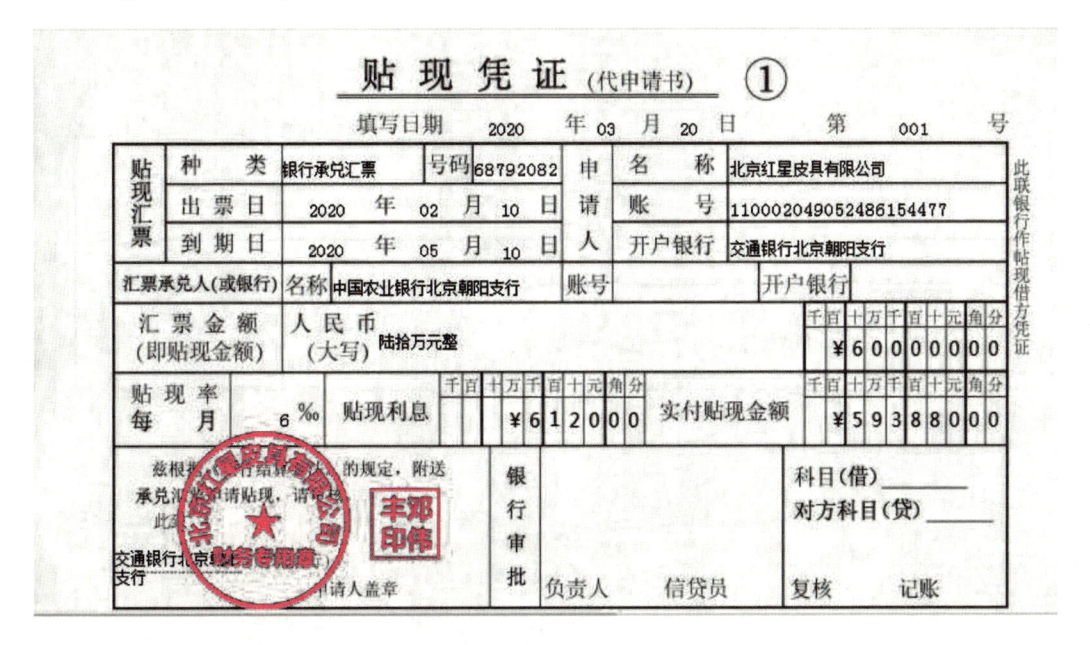

[贴现凭证（代申请书）①
填写日期 2020 年 03 月 20 日 第 001 号
贴现汇票：种类 银行承兑汇票 号码 68792082
出票日 2020 年 02 月 10 日
到期日 2020 年 05 月 10 日
汇票承兑人（或银行）名称：中国农业银行北京朝阳支行
申请人名称：北京红星皮具有限公司 账号：110002049052486154477 开户银行：交通银行北京朝阳支行
汇票金额（即贴现金额）人民币（大写）陆拾万元整 ¥600000.00
贴现率 每月 6% 贴现利息 ¥6120.00 实付贴现金额 ¥593880.00]

任务47-2（同任务2-1）

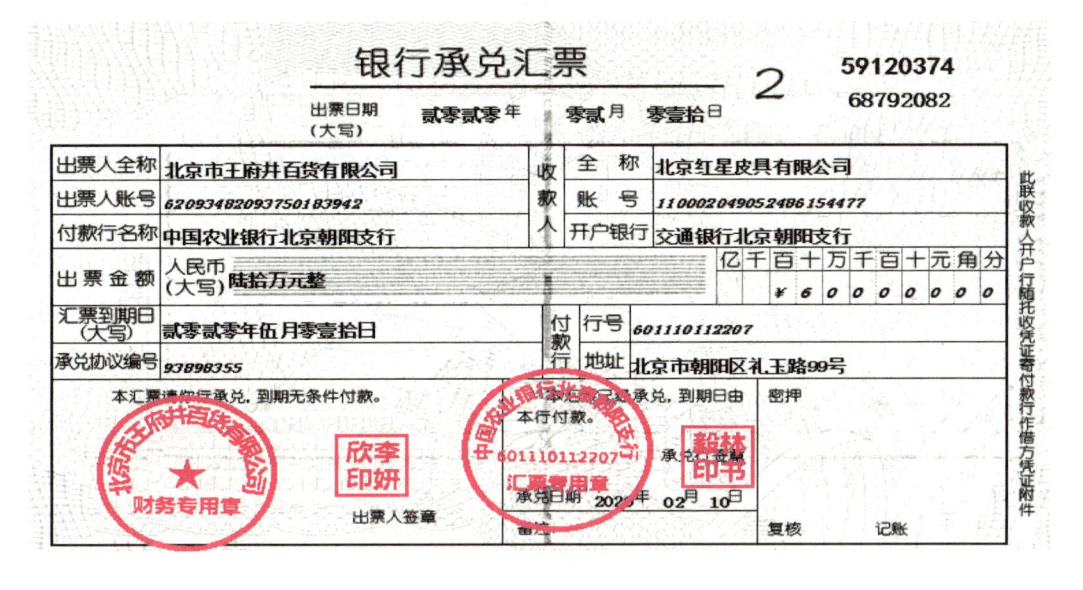

任务48：（业务36）支付销售中心办公室搬迁运费

任务描述： 20日，结合任务98的资料，支付上月运费。

背景单据： 银行电子回单凭证（任务48-1）、网上银行支付（出纳岗位协同业务，见系统）。

现金流量： 支付其他与经营活动有关的现金22 890元。

任务48-1

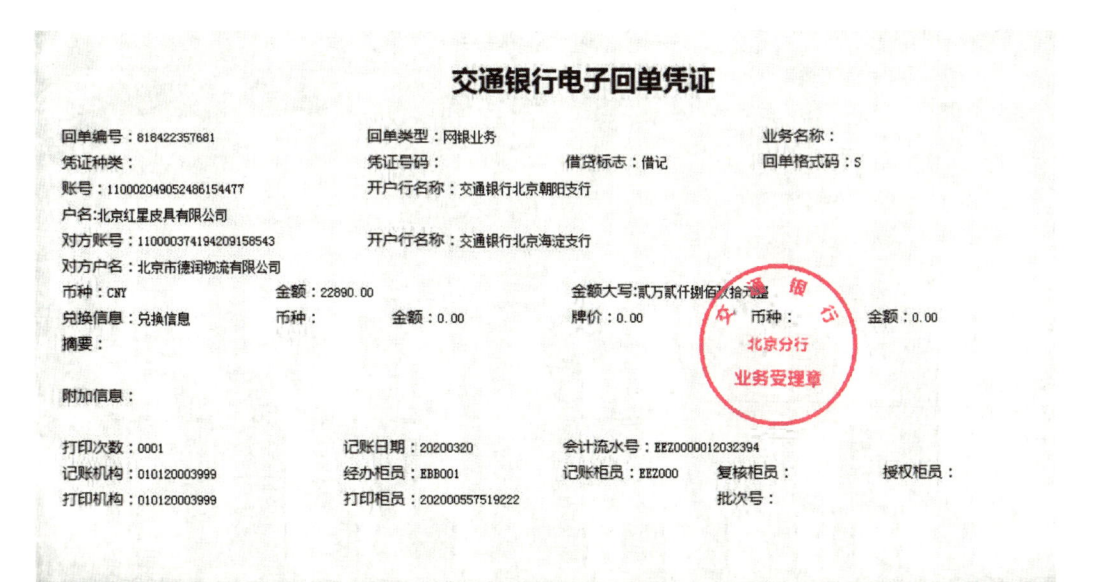

被背书人交通银行北京朝阳支行	被背书人	被背书人
（北京红星皮具有限公司 财务专用章）（丰邓印伟） 背书人签章 2020 年 03 月 20 日	背书人签章 年 月 日	背书人签章 年 月 日

（贴粘单处）

任务49：(业务37)支付职工培训费

任务描述： 20日，结合任务99的资料，支付职工培训费。

背景单据： 增值税专用发票(任务49-1)、银行电子回单凭证(任务49-2)、网上银行支付(出纳协同业务，见系统)。

现金流量： 支付给职工以及为职工支付的现金3 392元。

任务49-1

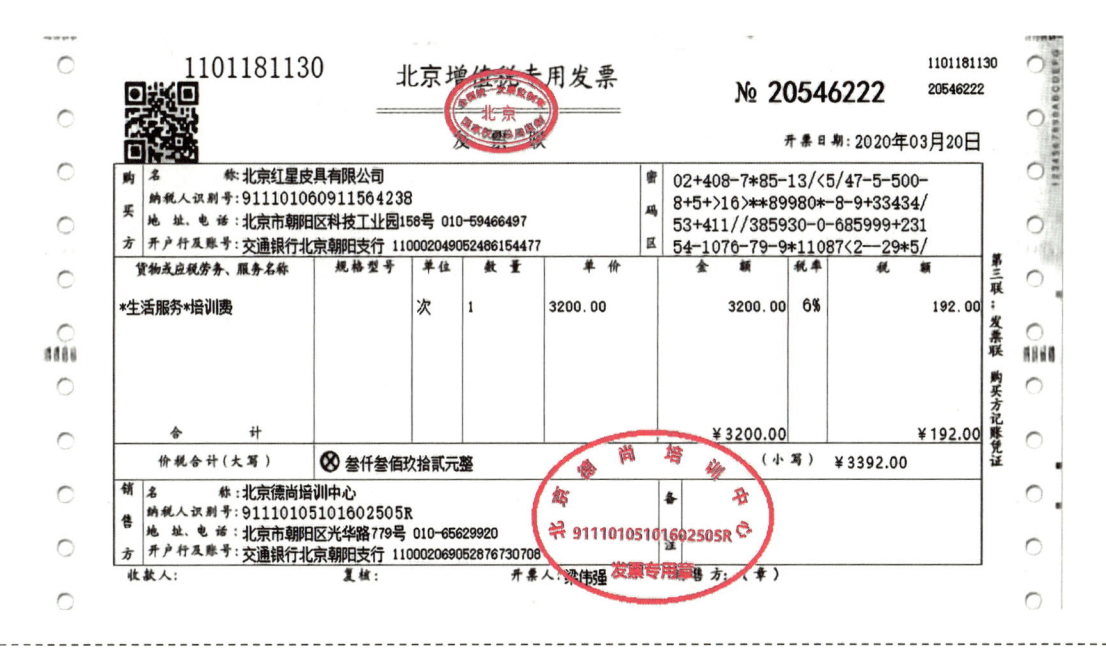

（北京增值税专用发票，发票号码20546222，开票日期2020年03月20日；购买方：北京红星皮具有限公司，纳税人识别号911101060911564238，地址电话：北京市朝阳区科技工业园158号 010-59466497，开户行及账号：交通银行北京朝阳支行 11000204905248615 4477；货物或应税劳务、服务名称：*生活服务*培训费，单位：次，数量1，单价3200.00，金额3200.00，税率6%，税额192.00；价税合计（大写）叁仟叁佰玖拾贰元整，（小写）¥3392.00；销售方：北京德尚培训中心，纳税人识别号91110105101602505R，地址电话：北京市朝阳区光华路779号 010-65629920，开户行及账号：交通银行北京朝阳支行 11000206905287 6730708，开票人：梁伟强）

任务49-2

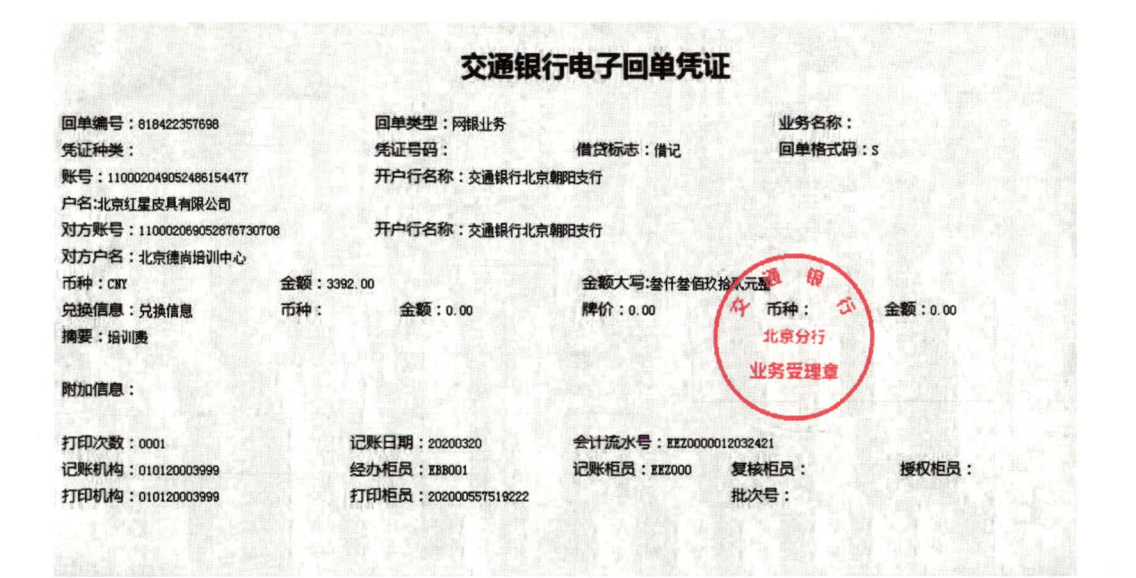

交通银行电子回单凭证

回单编号：818422357698	回单类型：网银业务	业务名称：
凭证种类：	凭证号码：	借贷标志：借记	回单格式码：S
账号：110002049052486154477	开户行名称：交通银行北京朝阳支行	
户名：北京红星皮具有限公司		
对方账号：110002069052876730708	开户行名称：交通银行北京朝阳支行	
对方户名：北京德尚培训中心		
币种：CNY	金额：3392.00	金额大写：叁仟叁佰玖拾贰元整
兑换信息：兑换信息	币种：	金额：0.00	牌价：0.00	币种：	金额：0.00
摘要：培训费		
附加信息：		
打印次数：0001	记账日期：20200320	会计流水号：EEZ0000012032421
记账机构：010120003999	经办柜员：EEB001	记账柜员：EEZ000	复核柜员：	授权柜员：
打印机构：010120003999	打印柜员：202000557519222		批次号：

任务50:(业务38)收到存款利息

任务描述:21日,收到银行存款利息。
背景单据:银行计付存款利息清单(任务50-1)、银行计付存款利息清单(任务50-2)。
现金流量:收到其他与经营活动有关的现金2 855元。

任务50-1

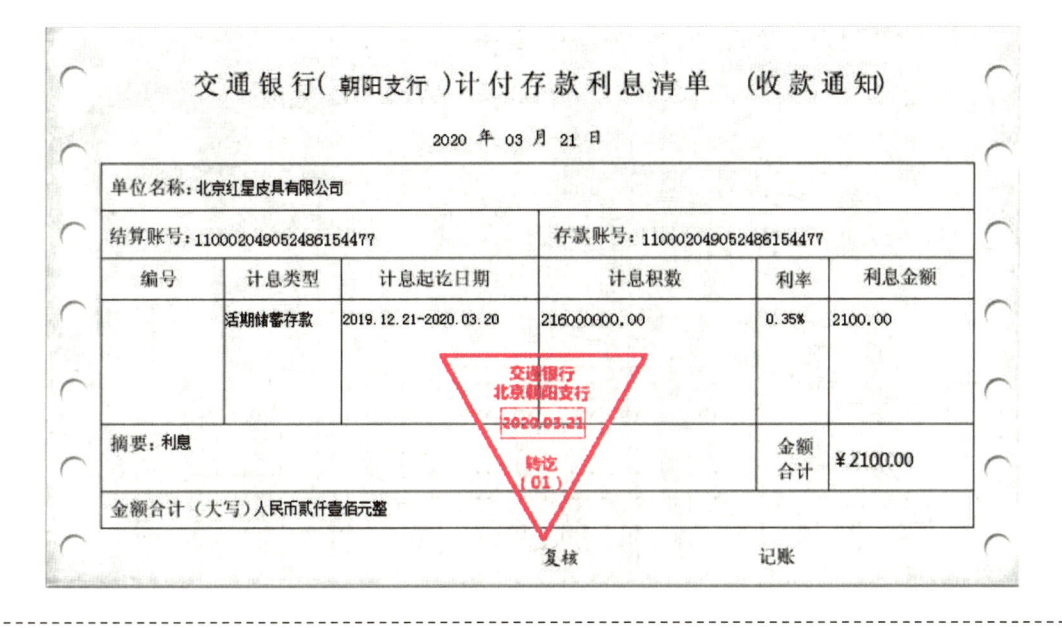

交通银行(朝阳支行)计付存款利息清单 (收款通知)						
2020 年 03 月 21 日							
单位名称:北京红星皮具有限公司						
结算账号:110002049052486154477		存款账号:110002049052486154477				
编号	计息类型	计息起讫日期	计息积数	利率	利息金额
	活期储蓄存款	2019.12.21-2020.03.20	216000000.00	0.35%	2100.00
摘要:利息				金额合计	¥2100.00
金额合计(大写)人民币贰仟壹佰元整					
复核			记账		

任务50-2

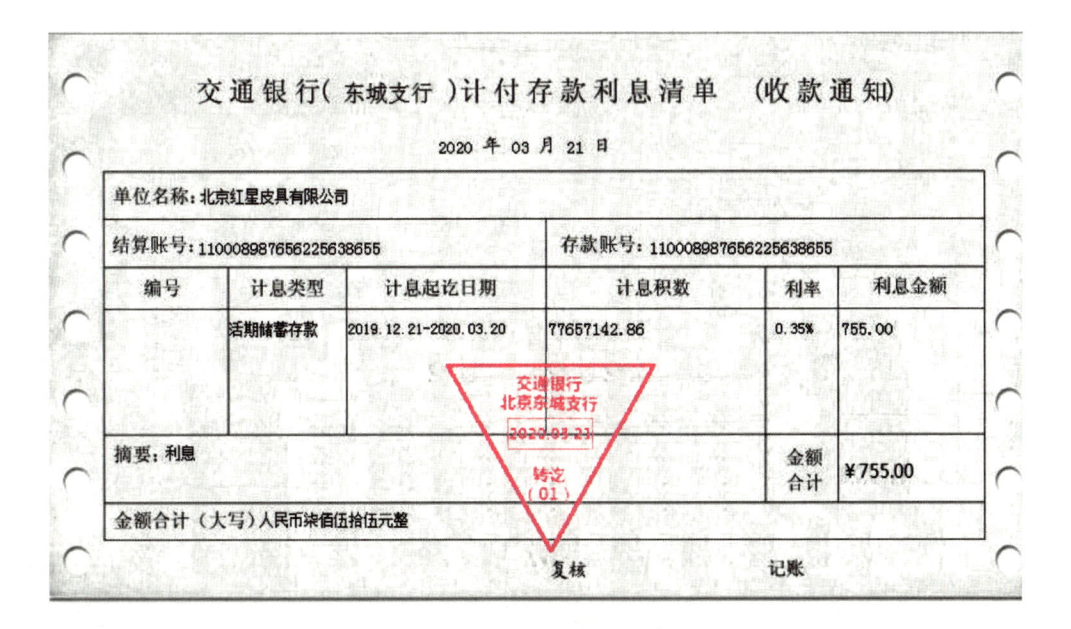

交通银行(东城支行)计付存款利息清单 (收款通知)						
2020 年 03 月 21 日							
单位名称:北京红星皮具有限公司						
结算账号:110008987656225638655		存款账号:110008987656225638655				
编号	计息类型	计息起讫日期	计息积数	利率	利息金额
	活期储蓄存款	2019.12.21-2020.03.20	77657142.86	0.35%	755.00
摘要:利息				金额合计	¥755.00
金额合计(大写)人民币柒佰伍拾伍元整					
复核			记账		

任务 51:(业务 39)购入工程物资

任务描述:21日,购入工程物资用于建设厂房(工程物资购入后直接领用至工程项目)。

背景单据:增值税专用发票(任务 51-1)、入库单(任务 51-2)、加料单(任务 51-3)。

任务 51-1

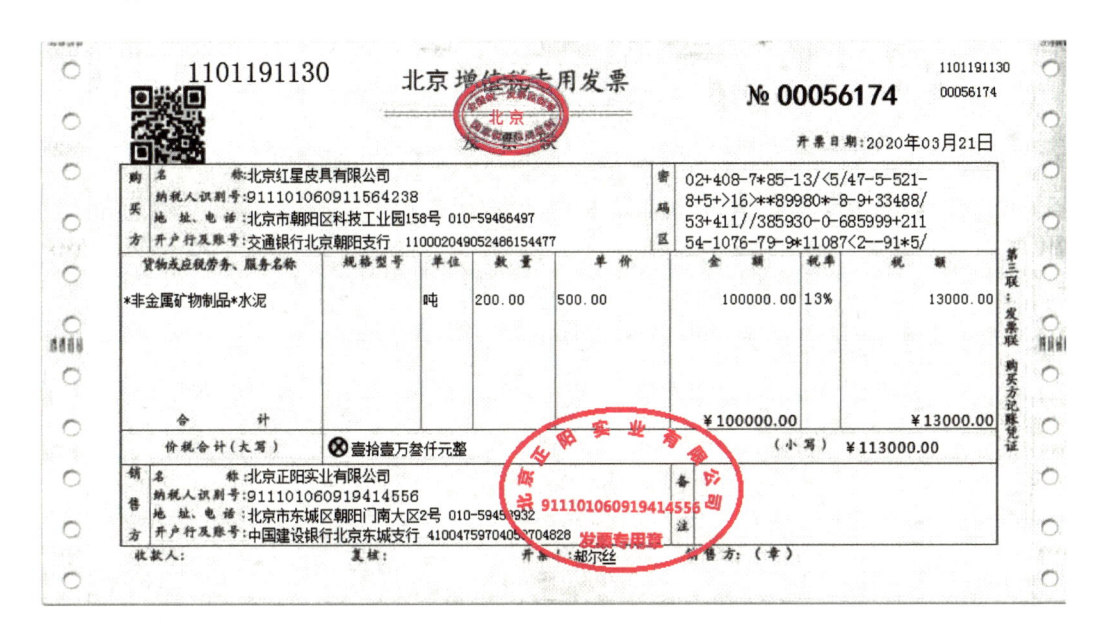

	北京增值税专用发票	№ 00056174	1101191130 00056174
			开票日期:2020年03月21日

购买方	名称:北京红星皮具有限公司 纳税人识别号:91110106091156423S 地址、电话:北京市朝阳区科技工业园158号 010-59466497 开户行及账号:交通银行北京朝阳支行 110002049052486154477	密码区	02+408-7*85-13/<5/47-5-521-8+5+>16)**89980*-8-9/33488/53+411//385930-0-685999+211 54-1076-79-9*11087<2--91*5/

货物或应税劳务、服务名称	规格型号	单位	数量	单价	金额	税率	税额
*非金属矿物制品*水泥		吨	200.00	500.00	100000.00	13%	13000.00
合 计					¥100000.00		¥13000.00
价税合计(大写)	壹拾壹万叁仟元整				(小写) ¥113000.00		

销售方	名称:北京正阳实业有限公司 纳税人识别号:91110106091941455G 地址、电话:北京市东城区朝阳门南大街2号 010-59459932 开户行及账号:中国建设银行北京东城支行 41004759704052704828	备注	

收款人: 复核:郝尔丝 开票方: 销售方:(章)

任务 51-2

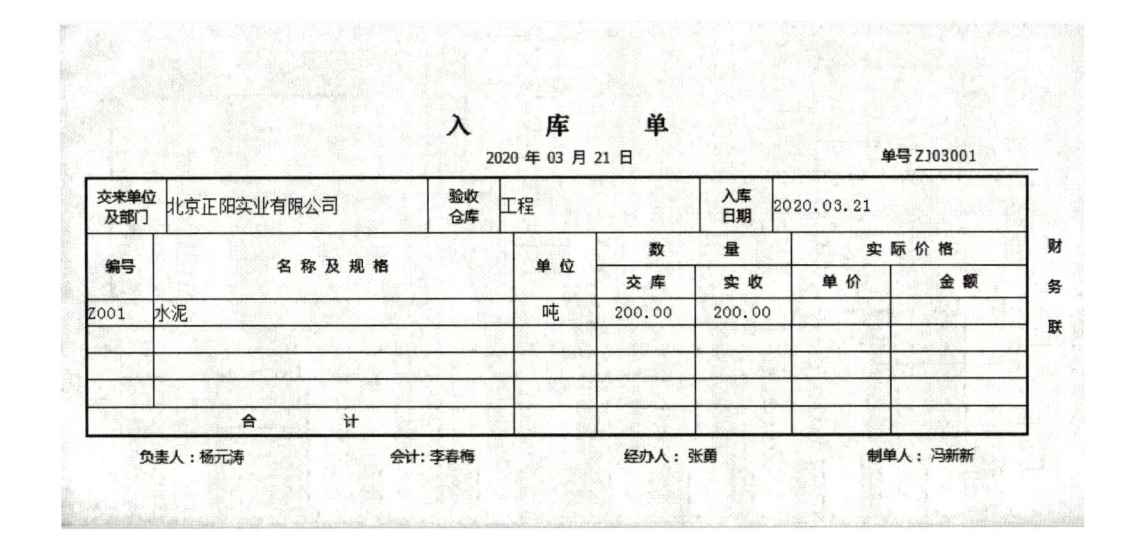

入 库 单

2020 年 03 月 21 日 单号 ZJ03001

交来单位及部门	北京正阳实业有限公司	验收仓库	工程	入库日期	2020.03.21				
编号	名 称 及 规 格		单位	数 量		实 际 价 格		财务联
				交库	实收	单价	金额	
Z001	水泥		吨	200.00	200.00			
	合 计							

负责人:杨元涛 会计:李春梅 经办人:张勇 制单人:冯新新

任务 51-3

领 料 单

领料部门：*2#厂房工程*

用　　途：*施工*　　　　　2020 年 03 月 21 日　　　　　第 *12011* 号

材料			单　位	数　量		成　本		
编号	名称	规格		请　领	实　发	单价	总价	
Z001	水泥		吨	200.00	200.00			会计联
合计								

部门经理：韩小明　　　　会计：李春梅　　　　仓库：冯新新　　　　经办人：张勇

任务 52：(业务 40)支付广告费

任务描述：21 日，结合第 3、第 4 笔任务资料，支付广告费用。

背景单据：增值税专用发票(任务 52-1)、付款申请书(任务 52-2，出纳协同业务)、转账支票(任务 3-2 经签发得任务 52-3，出纳协同业务)、进账单(任务 4-1 经填制得任务 52-4，出纳协同业务)。

现金流量：支付其他与经营活动有关的现金 31 800 元。

任务 52-1

1101181130	北京增值税专用发票	№ 20546030		1101181130	
				20546030	
		开票日期：2020 年 03 月 21 日			

购买方	名　称：北京红星皮具有限公司 纳税人识别号：911101060911564238 地址、电话：北京市朝阳区科技工业园158号 010-59466497 开户行及账号：交通银行北京朝阳支行 11000204905248615447	密码区	02+408-7*85-13/<5/47-5-500-8+5+)16>**89980*-8-9*33434/53+411//385930-0-685999+231 54-1076-79-9*11087<2--29*5/

货物或应税劳务、服务名称	规格型号	单位	数量	单价	金额	税率	税额
*广告服务*广告宣传费		次	1	30000.00	30000.00	6%	1800.00
合　计					￥30000.00		￥1800.00

价税合计(大写)　⊗ 叁万壹仟捌佰元整　　　　　(小写) ￥31800.00

销售方：名　称：北京飞扬广告有限公司 纳税人识别号：91110105101673382C 地址、电话：北京市朝阳区光华路885号 010-65629836 开户行及账号：交通银行北京朝阳支行 11000206905783326950

收款人：　　　　复核：　　　　开票人：黄玉　　　　销售方：(章)

任务52-2（同任务3-1）

付款申请书

2020年03月21日

用途及情况	金额										收款单位(人)：北京飞扬广告有限公司
支付广告费	亿	千	百	十	万	千	百	十	元	角	分	账号：110002069057833269902
				￥	3	1	8	0	0	0	0	开户行：交通银行北京朝阳支行
金额（大写）合计：	人民币 叁万壹仟捌佰元整											结算方式：转账
总经理 邓伟丰	财务部门	经理 李春梅							业务部门	经理 张凤喜		
		会计 王秀玲								经办人 张勇		

任务52-3

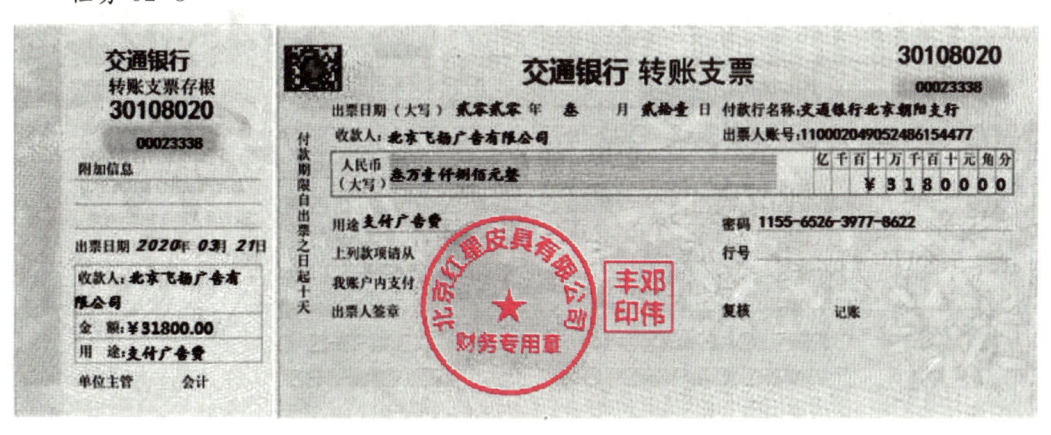

交通银行 转账支票存根 30108020
00023338
附加信息
出票日期 2020年 03月 21日
收款人：北京飞扬广告有限公司
金　额：￥31800.00
用　途：支付广告费
单位主管　　会计

交通银行 转账支票 30108020
00023338
出票日期（大写）贰零贰零年 叁月 贰拾壹日　收款人名称：交通银行北京朝阳支行
收款人：北京飞扬广告有限公司　出票人账号：110002049052486154477
人民币（大写）叁万壹仟捌佰元整　亿千百十万千百十元角分 ￥3180000
付款期限自出票之日起十天
用途：支付广告费　密码：1155-6526-3977-8622
上列款项请从我账户内支付　行号
出票人签章【北京红星皮具有限公司财务专用章】【丰邓印伟】　复核　记账

任务52-4

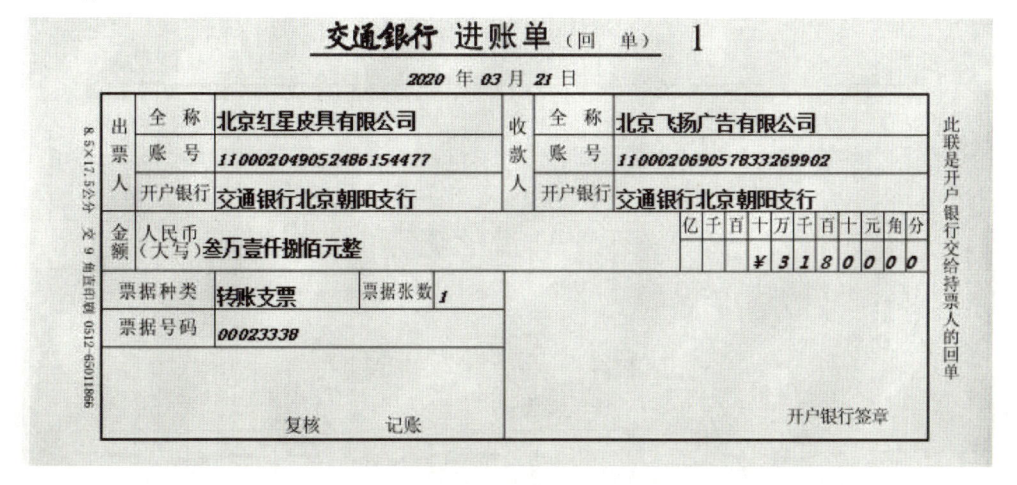

交通银行 进账单（回单） 1

2020年03月21日

出票人	全　称	北京红星皮具有限公司	收款人	全　称	北京飞扬广告有限公司	
	账　号	110002049052486154477		账　号	110002069057833269902	此联是开户银行交给持票人的回单
	开户银行	交通银行北京朝阳支行		开户银行	交通银行北京朝阳支行	
金额	人民币（大写）叁万壹仟捌佰元整				亿千百十万千百十元角分 ￥3180000	
票据种类	转账支票	票据张数	1			
票据号码	00023338					
		复核　　　记账			开户银行签章	

附加信息：	被背书人	被背书人	（贴粘单处）	根据《中华人民共和国票据法》等法律法规的规定，签发空头支票由中国人民银行处以票面金额5%但不低于1000元的罚款。
	背书人签章 2020年 03月 21日	背书人签章 年 月 日		

任务 53:(业务 41)支付通信费

任务描述:22 日,支付本月管理部通信费用。

背景单据:增值税专用发票(任务 53-1)、增值税专用发票(任务 53-2)、同城委托收款(任务 53-3)。

现金流量:支付其他与经营活动有关的现金 5 102.5 元。

任务 53-1

发票代码	1101191130
发票号码	20546305
开票日期	2020年03月22日

购买方:
- 名称:北京红星皮具有限公司
- 纳税人识别号:91110106091156423B
- 地址、电话:北京市朝阳区科技工业园158号 010-59466497
- 开户行及账号:交通银行北京朝阳支行 110002049052486154477

货物或应税劳务、服务名称	规格型号	单位	数量	单价	金额	税率	税额
*电信服务*电信基础服务费		次	1	2250.00	2250.00	9%	202.50
合计					¥2250.00		¥202.50

价税合计(大写):贰仟肆佰伍拾贰元伍角整 (小写)¥2452.50

销售方:
- 名称:中国电信股份有限公司北京分公司
- 纳税人识别号:911101058622962295F
- 地址、电话:北京市朝阳区松庄路026号 010-64657897
- 开户行及账号:中国工商银行北京朝阳支行 4100888800098699098

开票人:余秀琴

任务 53-2

发票代码	1101191130
发票号码	20546306
开票日期	2020年03月22日

购买方:
- 名称:北京红星皮具有限公司
- 纳税人识别号:91110106091156423B
- 地址、电话:北京市朝阳区科技工业园158号 010-59466497
- 开户行及账号:交通银行北京朝阳支行 110002049052486154477

货物或应税劳务、服务名称	规格型号	单位	数量	单价	金额	税率	税额
*电信服务*电信增值服务费		次	1	2500.00	2500.00	6%	150.00
合计					¥2500.00		¥150.00

价税合计(大写):贰仟陆佰伍拾元整 (小写)¥2650.00

销售方:
- 名称:中国电信股份有限公司北京分公司
- 纳税人识别号:911101058622962295F
- 地址、电话:北京市朝阳区松庄路026号 010-64657897
- 开户行及账号:中国工商银行北京朝阳支行 4100888800098699098

开票人:余秀琴

任务 53-3

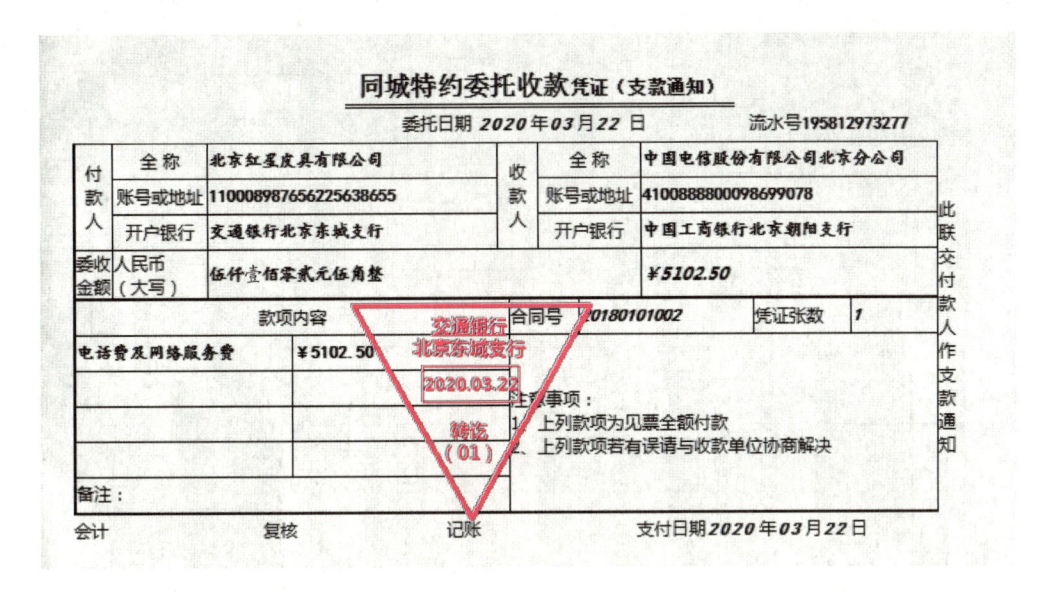

任务 54：(业务 42)设备维修费

任务描述： 22 日，结合第 100 笔任务，管理部门报销设备维修费。

背景单据： 增值税专用发票(任务 54-1)、银行电子回单凭证(任务 54-2)、网上银行支付(出纳协同业务，见系统)。

现金流量： 支付其他与经营活动有关的现金 9 040 元。

任务 54-1

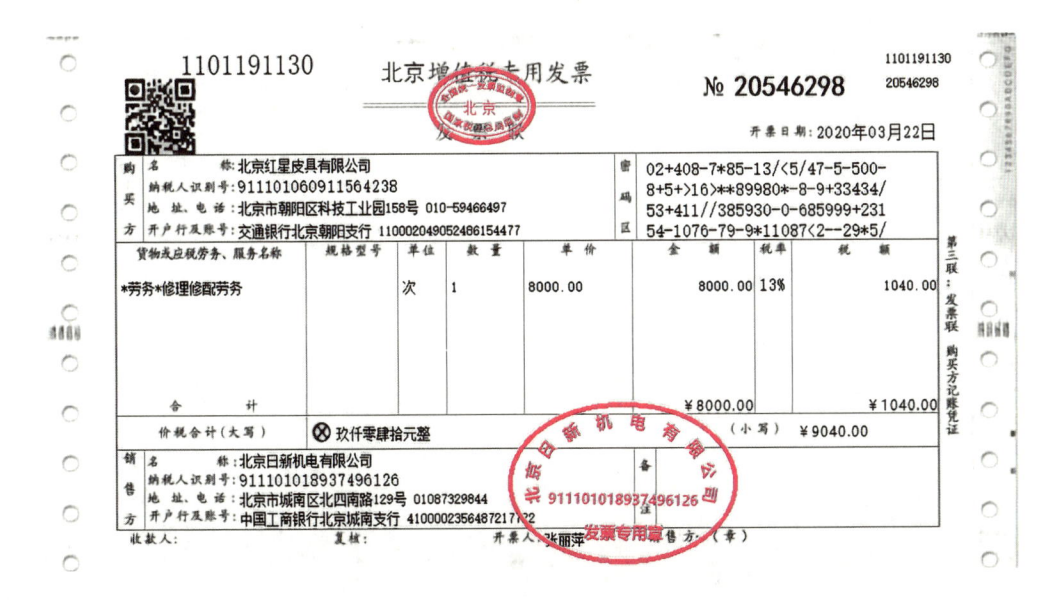

任务 54-2

交通银行电子回单凭证

回单编号：818422357726	回单类型：网银业务		业务名称：
凭证种类：	凭证号码：	借贷标志：借记	回单格式码：s
账号：110002049052486154477	开户行名称：交通银行北京朝阳支行		
户名：北京红星皮具有限公司			
对方账号：4100002356487217722	开户行名称：中国工商银行北京城南支行		
对方户名：北京日新机电有限公司			
币种：CNY	金额：9040.00	金额大写：玖仟零肆拾元整	
兑换信息：兑换信息	币种：	金额：0.00	牌价：0.00	币种：	金额：0.00
摘要：			
附加信息：			
打印次数：0001	记账日期：20200322	会计流水号：EEZ0000012032566	
记账机构：010120003999	经办柜员：EBB001	记账柜员：EEZ000	复核柜员：	授权柜员：
打印机构：010120003999	打印柜员：202000557519222		批次号：

（交通银行北京分行业务受理章）

任务 55：(业务 43)出售股权

任务描述：22 日，公司将持有北京市奇特机械设备有限公司 25%的股权的 10%出售给北京红蜻蜓皮具有限公司，出售后公司对北京市奇特机械设备有限公司仍有重大影响，出售时公司账面上对奇特机械长期股权投资的构成为：投资成本 45 万元，损益调整 5 万元，其他综合收益 10 万元。取得交易价款 30 万元存入银行。

背景单据：股权转让协议(任务 55-1)、银行电子回单凭证(任务 55-2)。

现金流量：收回投资收到的现金 300 000 元。

任务 55-1

股权转让协议

转让方：北京红星皮具有限公司　　　　受让方：北京红蜻蜓皮具有限公司

一、根据《中华人民共和国公司法》第七十二条的规定，并经公司股东会会议决议，股东 北京红星皮具有限公司 同意将其在北京市奇特机械设备有限公司10%股权以货币资金 ¥300000.00元（人民币（大写）叁拾万元整） 转让给受让方北京红蜻蜓皮具有限公司。

二、依照本协议转让的股权于 2020年03月22日实施，即受让方通过网银转账将股权收购款支付给转让方。

三、转让方自本协议规定的股权转让之日起，仍持有北京市奇特机械设备有限公司15%股权，同时对 北京市奇特机械设备有限公司 的经营决策有重大影响。

四、受让方自本协议规定的股权转让之日起，应当依法以其受让的股权为限，享受股东权利，同时也承担股东责任。

五、如有一方违反本协议的，应协商解决；协商不成时，另一方有权向有管辖权的人民法院依法起诉。

六、本协议双方当事人签名、盖章后生效。

转让方（签字人盖章）：　　　　　　　受让方（签字人盖章）：

法定（授权）代表人：　　　　　　　　法定（授权）代表人：

本协议签订日期：2020年03月22日

任务 55-2

交通银行电子回单凭证

回单编号：818422357736	回单类型：网银业务	业务名称：
凭证种类：	凭证号码：	借贷标志：贷记	回单格式码：S
账号：110008987656225638655	开户行名称：交通银行北京东城支行	
户名：北京红星皮具有限公司		
对方账号：110003741624067511148	开户行名称：交通银行北京海淀支行	
对方户名：北京红蜻蜓皮具有限公司		
币种：CNY	金额：300000.00	金额大写：叁拾万元整
兑换信息：兑换信息	币种： 金额：0.00	牌价：0.00	币种： 金额：0.00
摘要：		
附加信息：		
打印次数：0001	记账日期：20200322	会计流水号：EEZ0000012032589
记账机构：010120005999	经办柜员：EBB001	记账柜员：EEZ001	复核柜员：	授权柜员：
打印机构：010120005999	打印柜员：202000557519228	批次号：

任务 56：(业务 44)结转其他综合收益

任务描述：承任务 55，结转长期股权投资其他综合收益。

任务 57：(业务 45)捐赠支出

任务描述：23 日，向公益性群众团体捐赠款项。

背景单据：接受社会捐赠专用收据(任务 57-1)、转账支票存根(任务 57-2)、进账单(任务 57-3)。

现金流量：支付其他与经营活动有关的现金 20 000 元。

任务 57-1

捐赠者 Donor	北京红星皮具有限公司			货币种类 Currency	人民币
捐赠项目 Donation Item	助学金				
项目(捐赠金额或实物) Item (Amount or Material)	单位 unit	规格 Specification	数量 Quantity	单价 Unit Price	金额 Amount
货币资金					20000.00
合计人民币（大写）¥Amount (in words)	贰万元整			¥：20000.00	

北京市接受社会捐赠专用收据
注册号码 京（ ）票字第09号 No:00005201
2020年 03月 23日
票据类型：
数字指纹：

收费单位(盖章)：Receiver (seal)　　收款人：黄小晴 Payee　　开票人：Drawer

第一联 收据

任务 57-2

交通银行
转账支票存根
30108020
00023339

附加信息

出票日期 2020年 03月 23日
收款人：北京市通州希望小学
金额：¥20000.00
用途：助学金

单位主管　　会计

任务 57-3

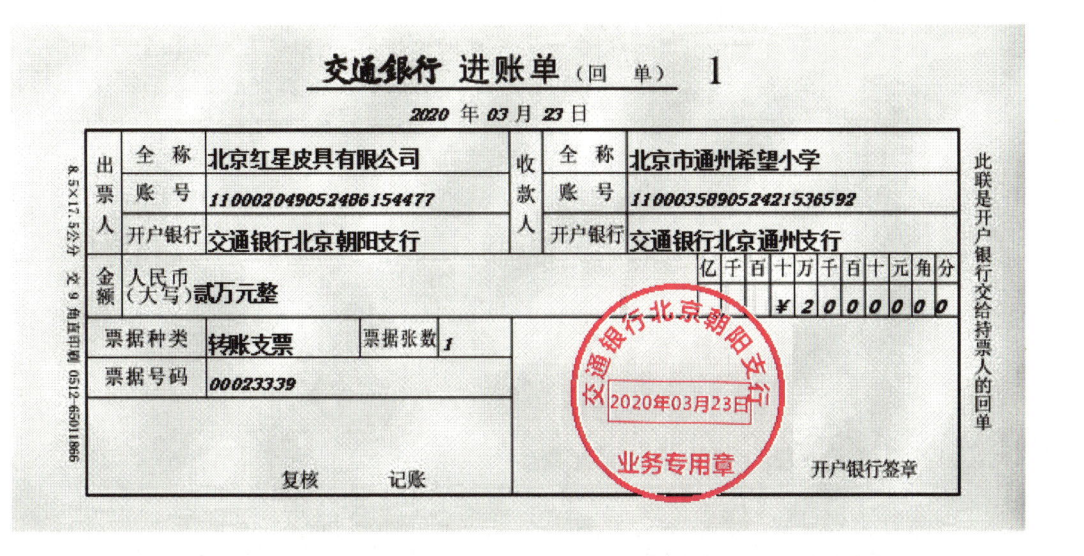

交通银行 进账单（回单） 1

2020 年 03月 23日

出票人	全称	北京红星皮具有限公司	收款人	全称	北京市通州希望小学
	账号	110002049052486154477		账号	110003589052421536592
	开户银行	交通银行北京朝阳支行		开户银行	交通银行北京通州支行

金额 人民币（大写） 贰万元整　　亿千百十万千百十元角分　¥2000000

票据种类	转账支票	票据张数	1
票据号码	00023339		

复核　　记账　　（交通银行北京朝阳支行 2020年03月23日 业务专用章）　开户银行签章

此联是开户银行交给持票人的回单

任务 58：(业务 46)销售商品

任务描述： 25 日，销售商品，款未收。
背景单据： 增值税专用发票(任务 58-1)、购销合同(任务 58-2)、销售单(任务 58-3)。

任务 58-1

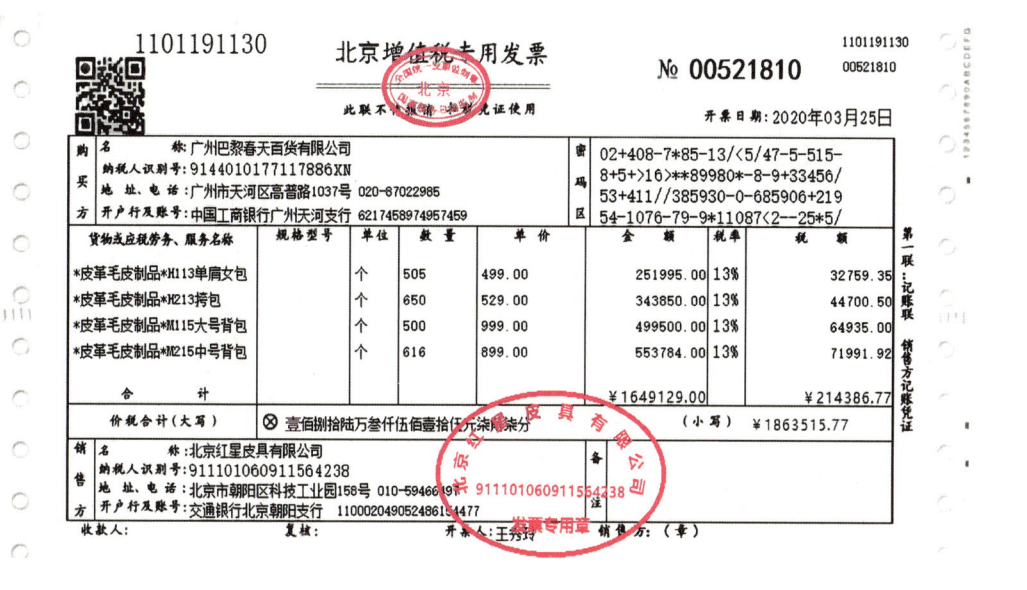

货物或应税劳务、服务名称	规格型号	单位	数量	单价	金额	税率	税额
*皮革毛皮制品*H113单肩女包		个	505	499.00	251995.00	13%	32759.35
*皮革毛皮制品*H213挎包		个	650	529.00	343850.00	13%	44700.50
*皮革毛皮制品*M115大号背包		个	500	999.00	499500.00	13%	64935.00
*皮革毛皮制品*M215中号背包		个	616	899.00	553784.00	13%	71991.92
合计					¥1649129.00		¥214386.77

价税合计(大写)：壹佰捌拾陆万叁仟伍佰壹拾伍元柒角柒分　(小写) ¥1863515.77

销售方：北京红星皮具有限公司
纳税人识别号：91110106091156423B
地址、电话：北京市朝阳区科技工业园158号 010-59466199
开户行及账号：交通银行北京朝阳支行 110002049052486154477

发票号码：00521810
开票日期：2020年03月25日

购买方：广州巴黎春天百货有限公司
纳税人识别号：9144010177117886XN
地址、电话：广州市天河区高普路1037号 020-87022985
开户行及账号：中国工商银行广州天河支行 6217458974957459

任务 58-2

购销合同

购方：广州巴黎春天百货有限公司　　合同编号：202003002
销方：北京红星皮具有限公司　　签订时间：2020年03月20日

供需双方本着互利互惠、长期合作的原则，根据《中华人民共和国合同法》及双方的实际情况，就需方向供方采购事宜，订立本合同，以使双方在合同履行中共同遵守。

一、产品名称、数量、单价、金额：

产品名称	规格型号	计量单位	数量	单价	金额	备注
H113单肩女包		个	505	499.00	251995.00	
H213挎包		个	650	529.00	343850.00	
M115大号背包		个	500	999.00	499500.00	
M215中号背包		个	616	899.00	553784.00	
合计					1649129.00	

合计人民币(大写)：壹佰陆拾肆万玖仟壹佰贰拾玖元整

二、质量要求技术标准：供方对质量负责的条件和期限：按合同企业标准。
三、交(提)货地点、方式：广州市天河区高普路1037号
四、付款时间与付款方式：
发货后25天内支付货款

任务 58-3

销 售 单

购货单位：广州巴黎春天百货有限公司　　地址和电话：广州市天河区高普路1037号 020-87022985　　单据编号：xs1903003

纳税识别号：914401077117886XN　　开户行及账号：中国工商银行广州天河支行 6217458974957459　　制单日期：2020.03.25

编码	产品名称	规格	单位	单价	数量	金额	备注
cp101	H113单肩女包		个	499.00	505	251995.00	不含税价
cp102	H213挎包		个	529.00	650	343850.00	
cp103	M115大号背包		个	999.00	500	499500.00	
cp104	M215中号背包		个	899.00	616	553784.00	
合计	人民币（大写）：壹佰陆拾肆万玖仟壹佰贰拾玖元整				—	￥1649129.00	

销售经理：王涛　　经手人：冯新新　　会计：王秀玲　　签收人：邹夏

任务 59：(业务 47) 购买办公用品

任务描述：28日，报销购买办公用品。

背景单据：增值税专用发票(任务 59-1)、报销单(任务 59-2)。

现金流量：支付其他与经营活动有关的现金 3 390 元。

任务 59-1

北京增值税专用发票

1101191130　　№ 01453890

开票日期：2020年03月28日

购买方	名称：北京红星皮具有限公司 纳税人识别号：911101060911564238 地址、电话：北京市朝阳区科技工业园158号 010-59466497 开户行及账号：交通银行北京朝阳支行 110002049052486154477	密码区	02+408-7*85-13/<5/47-5-505- 8+5+>16>**89980*-8-9+33464/ 53+411//385930-0-685999+259 54-1076-79-9*11087<2--29*5/

货物或应税劳务、服务名称	规格型号	单位	数量	单价	金额	税率	税额
*纸制品*A4		箱	20	95.00	1900.00	13%	247.00
*纸制品*文件夹		个	300	2.00	600.00	13%	78.00
*文具*记号笔		盒	25	20.00	500.00	13%	65.00
合　　计					￥3000.00		￥390.00
价税合计（大写）	叁仟叁佰玖拾元整				（小写）￥3390.00		

销售方	名称：北京欣喜办公用品有限公司 纳税人识别号：91110101491317746C 地址、电话：北京市东城区大溪街12号 010-69034316 开户行及账号：中国工商银行北京东城支行 4100888800004526450

收款人：　　　复核：　　　开票人：张启星　　　销售方：（章）

任务 59-2

报 销 单

填报日期：2020年 03 月 28 日　　　　单据及附件共 1 张

姓名	杨元涛	所属部门	管理部	报销形式	现金
				支票号码	

报销项目	摘　要	金　额	备注：
办公用品		3390.00	
		现金付讫	
合　计		￥3390.00	

金额大写：⊗拾⊗万叁仟叁佰玖拾零元零角零分　　原借款：0元　　应退(补)款：3390.00元

总经理：邓伟丰　　财务经理：李春梅　　部门经理：　　会计：王秀玲　　出纳：杨婷婷　　报销人：杨元涛

任务 60：(业务 48)无形资产摊销

任务描述：31 日，摊销本月无形资产。

背景单据：无形资产摊销表(任务 60-1)。

任务 60-1

无形资产摊销表

2020 年 03 月 31 日　　　　　　　　　　　　　　单位：元

项目	取得日期	原值	摊销年限	月摊销额	备注
土地使用权 A	2017/10/7	2 100 000	30	5 833.33	管理部门
商标权	2017/10/7	500 000	10	4 166.67	管理部门
自主研发(非专利技术)	2019/11/1	350 000	10	2 916.67	管理部门
合计		2 950 000		12 916.67	

审核：李春梅　　　　　　　　　　　　　　　　　　　　制表：王秀玲

任务 61：(业务 49)计提 3 月份借款利息

任务描述：31 日，计提 3 月份借款利息(2019 年 10 月从交通银行北京东支行借入短期借款 1 000 000 元用于新建厂房，年利率 12％，每季度付息一次；该借款从 3 月起符合资本化支出)。

任务 62：(业务 50)支付一季度借款利息

任务描述： 31 日，承任务 61，支付一季度借款利息。
背景单据： 借款合同(任务 62-1)、银行付款通知书(任务 62-2)。
现金流量： 分配股利、利润或偿付利息支付的现金 30 000 元。

任务 62-1

借款合同

借款方：北京红星皮具有限公司

法定代表人：邓伟丰

地址：北京市朝阳区科技工业园 158 号　　　电话：010-59466497

贷款方：交通银行北京东城支行

法定代表人：王朝辉

地址：北京市东城区东直门外大街 48 号　　　电话：010-85526505

　　　根据国家法律规定，借款方为进行基本建设所需贷款，经贷款方审查发放。为明确双方责任，恪守信用，特签订本合同，共同遵守。

第一条　借款用途：用于建造北京市朝阳区科技工业园 158 号的 2#厂房。

第二条　借款金额：借款方向贷款方借款人民币壹佰万元整(￥1 000 000.00)。

第三条　借款利率：自支用贷款之日起，按实际支用数计算利息，在合同规定的借款期内年息为 12.00%，利息于每季季末支付。借款方如果不按期归还贷款，按逾期部分加收利率 20%。

第四条　借款期限：借款方保证从 2019 年 10 月 15 日起至 2020 年 10 月 14 日止，就国家规定的还款资金偿还全部贷款。贷款逾期不还的部分，贷款方有权限期追回贷款，或者商请借款单位的其他开户银行代为扣款清偿。

第五条　因国家调整计划、产品价格、税率以及修正概算等原因，需要变更合同条款时，由双方签订变更合同的文件，作为本合同的组成部分。

……

第十条　本合同经过签章后生效，贷款本息全部清偿后失效。本合同一式五份，签章各方各执一份，报送主管部门、总行、分行各一份。

借款方：北京红星皮具有限公司　　　　　　贷款方：交通银行北京东城支行

法定代表人：邓伟丰　　　　　　　　　　　法定代表：王朝辉

日期：2019 年 10 月 15 日　　　　　　　　 日期：2019 年 10 月 15 日

任务 62-2

交通银行（北京东城支行）付款通知书

日期 2020 年 03 月 31 日

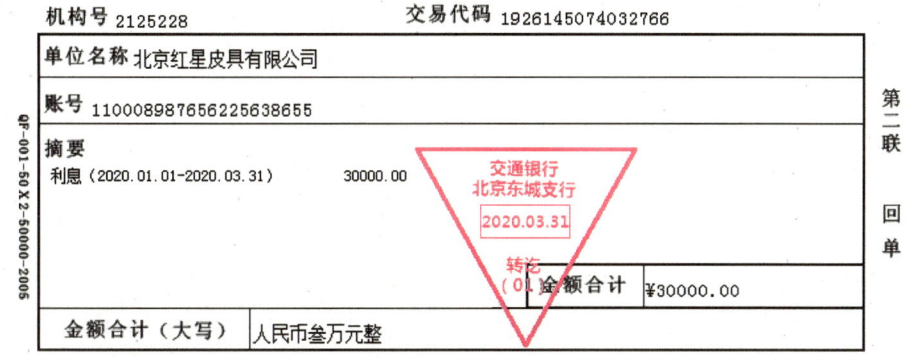

机构号 2125228　　　　交易代码 1926145074032766

单位名称 北京红星皮具有限公司

账号 11000898765622563865

摘要 利息（2020.01.01—2020.03.31）　　30 000.00

金额合计　￥30 000.00

金额合计（大写）　人民币叁万元整

盖章：交通银行 北京东城支行 2020.03.31 转讫

注：此付款通知书加盖我行业务公章方有效。

流水号 12410738361　　　　经办 林小茹

第二联　回单

任务 63：个人所得税计算表

任务描述：31 日，编制个人所得税计算表（假设均不存在专项附加扣除项目）。

背景单据：个人所得税计算表（任务 63-1）。

任务 63-1

个人所得税计算表

2020 年 03 月 31 日　　　　　　　　　　金额单位：元

姓名	应付工资	三险一金	本月应纳税所得额	1~2月应纳税所得额	累计应纳税额	累计已缴税额	应补/退税额
邓伟丰	18 000.00	2 667.00		20 252.68		607.58	
李春梅	16 000.00	2 001.00		17 638.04		529.14	
曾淡雅	15 000.00	2 001.00		15 678.04		470.34	
汤忠清	13 500.00	1 668.00		13 390.72		401.72	
魏小晴	11 500.00	1 335.00		10 123.40		303.70	
郑拓	10 000.00	1 557.00		6 748.28		202.45	
李兴萍	8 800.00	1 224.00		5 048.96		151.47	
徐浩	8 760.00	1 224.00		4 970.56		149.12	
张清	6 998.00	1 224.00		1 517.04		45.51	
……	……	……	……	……	……	4 591.27	2 057.36
合计	……	……	……	……	……	7 452.30	

备注：公司其他职工本月无应缴个人所得税

任务 64：(业务 51)计提个人所得税

任务描述：31 日,承任务 63,计提个人所得税。
背景单据：个人所得税计算单(任务 63-1 经计算得任务 64-1)。

任务 64-1

个人所得税计算表

2020 年 03 月 31 日　　　　　　　　　　　　　　　金额单位:元

姓名	应付工资	三险一金	本月应纳税所得额	1～2月应纳税所得额	累计应纳税额	累计已缴税额	应补/退税额
邓伟丰	18 000.00	2 667.00	10 333.00	20 252.68	917.57	607.58	309.99
李春梅	16 000.00	2 001.00	8 999.00	17 638.04	799.11	529.14	269.97
曾淡雅	15 000.00	2 001.00	7 999.00	15 678.04	710.31	470.34	239.97
汤忠清	13 500.00	1 668.00	6 832.00	13 390.72	606.68	401.72	204.96
魏小晴	11 500.00	1 335.00	5 165.00	10 123.40	458.65	303.70	154.95
郑 拓	10 000.00	1 557.00	3 443.00	6 748.28	305.74	202.45	103.29
李兴萍	8 800.00	1 224.00	2 576.00	5 048.96	228.75	151.47	77.28
徐 浩	8 760.00	1 224.00	2 536.00	4 970.56	225.20	149.12	76.08
张 清	6 998.00	1 224.00	774.00	1 517.04	68.73	45.51	23.22
……	……	……	……	……	……	4 590.27	2 057.36
合计	……	……	……	……	……	7 452.30	3 517.07

任务 74：(业务 57)闲置办公楼转出租

任务描述：31 日,将闲置办公楼转为出租(该办公楼的公允价值为 650 000 元)。
背景单据：公司股东会决议(任务 74-1)、固定资产折旧明细表(任务 74-2)。

任务 74-1

公司股东会决议

北京红星皮具有限公司（以下简称公司）股东于2020年03月31日在公司会议室召开了股东会全体会议。

本次股东会会议于2020年03月01日通知全体股东到会参加会议，符合《公司法》及公司章程的有关规定。

本次股东会会议已按《公司法》及公司章程的有关规定通知全体股东到会参加会议。股东会确认本次会议已按照《公司法》及公司章程之有关规定有效通知。

出席会议的股东为持有公司100%的股权，会议合法有效，由公司总经理邓伟丰主持。

会议就公司下一步经营发展事宜，全体股东一致同意如下决议：

1. 全体股东一致通过有关公司章程。
2. 决定将2018年12月购入的闲置办公楼用于出租，并采用公允价值进行后续计量。
3. 对所持有该公司股份的股东表示一致同意、会议合法有效。
4. 同意公司下一步经营发展事项。

公司盖章：北京红星皮具有限公司
法定代表人：邓伟丰
2020年3月31日

任务 74-2

固定资产折旧明细表

2020 年 03 月 31 日　　　　　　　　　金额单位：元

序号	资产名称	使用日期	年限(年)	净残值率	单价	数量	原值	年折旧率	期末净值	月折旧额	累计折旧
001	房屋(闲置)	2018-12-05	20	4%	600 000.00	1	600 000.00	4.8%	564 000.00	2 400.00	36 000.00

审核：李春梅　　　　　　　　　　　　　　　　　　　　制单：王秀玲

任务84:销售成本计算表

任务描述:31 日,编制销售成本计算表(单位成本保留 2 位小数,尾差计入期末存货成本)。

背景单据:出库单(任务 84-1)、出库单(任务 84-2)、出库单(任务 84-3)、销售成本计算表(任务 84-4)。

任务 84-1

出 库 单

出货单位:北京红星皮具有限公司　　　2020 年 03 月 06 日　　　单号001

提货单位或领货部门	北京乐亭皮具商贸有限公司	销售单号	202003001	发出仓库	成品仓	出库日期	2020.03.06

编号	名称及规格	单位	数量 应发	数量 实发	单价	金额
cp101	H113单肩女包	个	300	300		
cp102	H213挎包	个	450	450		
cp103	M115大号背包	个	300	300		
cp104	M215中号背包	个	300	300		
	合　计					

部门经理:王涛　　会计:王秀玲　　仓库:冯新新　　经办人:邹发

任务 84-2

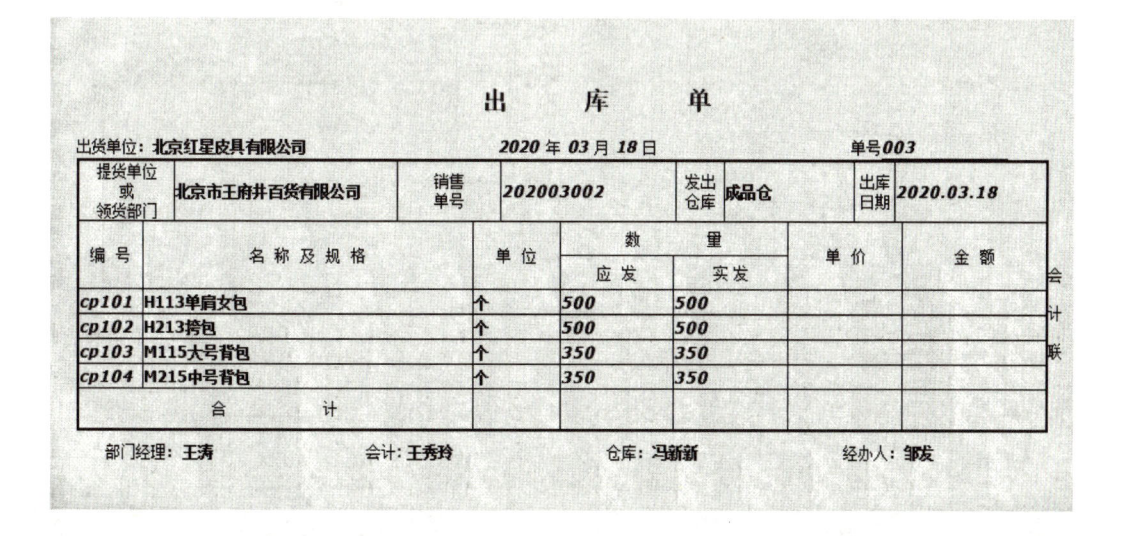

出 库 单

出货单位:北京红星皮具有限公司　　　2020 年 03 月 18 日　　　单号003

提货单位或领货部门	北京市王府井百货有限公司	销售单号	202003002	发出仓库	成品仓	出库日期	2020.03.18

编号	名称及规格	单位	数量 应发	数量 实发	单价	金额
cp101	H113单肩女包	个	500	500		
cp102	H213挎包	个	500	500		
cp103	M115大号背包	个	350	350		
cp104	M215中号背包	个	350	350		
	合　计					

部门经理:王涛　　会计:王秀玲　　仓库:冯新新　　经办人:邹发

任务 84-3

出 库 单

出货单位：北京红星皮具有限公司　　2020 年 03 月 25 日　　单号 005

| 提货单位或领货部门 | 广州巴黎春天百货公司 | 销售单号 | 202003003 | 发出仓库 | 成品仓 | 出库日期 | 2020.03.25 |

编号	名称及规格	单位	数量应发	数量实发	单价	金额
cp101	H113 单肩女包	个	505	505		
cp102	H213 挎包	个	650	650		
cp103	M115 大号背包	个	500	500		
cp104	M215 中号背包	个	616	616		
	合　　计					

部门经理：王涛　　会计：王秀玲　　仓库：冯新新　　经办人：邹发

任务 84-4

销售成本计算表

2020 年 03 月 31 日　　　　　　　　　　　　　金额单位：元

品名	期初结存 数量	期初结存 金额	本期完工 数量	本期完工 金额	本期销售数量	期末结存数量	单位成本（加权）	销售产品成本	期末存货成本
H113 单肩女包									
H213 挎包									
M115 大号背包									
M215 中号背包									
合　计									

审核：李春梅　　　　　　　　　　　　　　　　　　　　　　制单：王秀玲

任务85：(业务61)结转本月销售成本

任务描述： 31日，承任务84，结转本月销售成本。

背景单据： 出库单(任务84-1)、出库单(任务84-2)、出库单(任务84-3)、销售成本计算表(任务84-4 经计算得任务85-1)。

任务85-1

销售成本计算表

2020年03月31日　　　　　　　　　　　　　　　金额单位：元

品名	期初结存 数量	期初结存 金额	本期完工 数量	本期完工 金额	本期销售数量	期末结存数量	单位成本(加权)	销售产品成本	期末存货成本
H113 单肩女包	970.00	310 400.00	950	358 276.54	1 305	615	348.27	454 492.35	214 184.19
H213 挎包	900.00	297 000.00	1 100	472 717.74	1 600	400	384.86	615 776.00	153 941.74
M115 大号背包	850.00	510 000.00	900	638 687.07	1 150	600	656.39	754 848.50	393 838.57
M215 中号背包	860.00	497 880.00	900	606 854.70	1 266	494	617.46	781 704.36	305 030.34
合计		1 597 280.00		2 076 536.05				2 606 821.21	1 066 994.84

审核：李春梅　　　　　　　　　　　　　　　　　　　　　　　　制单：王秀玲

任务86：(业务62)结转销售发出包装物

任务描述： 31日，结转销售发出包装物(未单独计价)。

背景单据： 出库单(任务86-1)、出库单(任务86-2)、出库单(任务86-3)、包装物发出成本计算表(任务86-4)。

任务86-1

出 库 单

出货单位：北京红星皮具有限公司　　　2020年03月06日　　　单号002

提货单位或领货部门	北京乐亨皮具商贸有限公司	销售单号	202003001	发出仓库	周转材料仓	出库日期	2020.03.06

编号	名称及规格	单位	数量 应发	数量 实发	单价	金额
301	纸袋	个	1377	1377		
	合　计					

部门经理：王涛　　　会计：王秀玲　　　仓库：冯新新　　　经办人：邹发

任务 86-2

出 库 单

出货单位：北京红星皮具有限公司　　　　2020 年 03 月 18 日　　　　单号 004

提货单位或领货部门	北京市王府井百货有限公司	销售单号	202003002	发出仓库	周转材料仓	出库日期	2020.03.18
编号	名称及规格		单位	数量 应发	数量 实发	单价	金额
301	纸袋		个	1734	1734		
	合　计						

部门经理：王涛　　　会计：王秀玲　　　仓库：冯新新　　　经办人：邹发

任务 86-3

出 库 单

出货单位：北京红星皮具有限公司　　　　2020 年 03 月 25 日　　　　单号 006

提货单位或领货部门	广州巴黎春天百货有限公司	销售单号	202003003	发出仓库	周转材料仓	出库日期	2020.03.25
编号	名称及规格		单位	数量 应发	数量 实发	单价	金额
301	纸袋		个	2317	2317		
	合　计						

部门经理：王涛　　　会计：王秀玲　　　仓库：冯新新　　　经办人：邹发

任务86-4

包装物发出成本计算表

2020 年 03 月 31 日　　　　　　　　　　　　　　　　金额单位：元

产品编码	原材料	单位	期初余额 数量	期初余额 单价	期初余额 金额	本期入库 数量	本期入库 单价	本期入库 金额	本期领用 数量	本期领用 单价	本期领用 金额	期末余额 数量	期末余额 单价	期末余额 金额
301	纸袋	个	10 000	2.00	20 000.00				5 428	2.00	10 856.00	4 572	2.00	9 144.00
合计					20 000.00						10 856.00			9 144.00

审核：李春梅　　　　　　　　　　　　　　　　　　　　　　　　制单：王秀玲

任务87：(业务63)存货盘点

任务描述：31日，财产清查，原材料树皮纹头层牛皮盘亏。

背景单据：存货盘点报告表(任务87-1)。

任务87-1

存货盘点报告表

2020 年 03 月 31 日

企业名称：北京红星皮具有限公司

存货类别	存货名称	计量单位	单价	数量 账存	数量 实存	盈余 数量	盈余 金额	亏短 数量	亏短 金额	盈亏原因
原材料	树皮纹头	平方尺	23.2	19580	19520			60	1392.00	

审核人：　　　　　　监盘人：杜文涛　　　　　　盘点人：冯新新

任务88：(业务64)存货盘点批准处理

任务描述：31日，承任务87，盘亏批准处理。

背景单据：盘盈盘亏处理报告(任务88-1)。

任务 88-1

盘盈盘亏处理报告

公司于2020年03月31日对原材料进行盘点清查,发现原材料-树皮纹头层牛皮盘亏60平方尺,不含税价人民币壹仟叁佰玖拾贰元整(¥1392.00),经查是由于管理不善造成,经公司研究决定损失由公司承担。

北京红星皮具有限公司
2020年03月31日

任务 89:(业务 65)计提金融交易增值税

任务描述:31 日,计提金融交易增值税。

提示:查找背景单据证券交易对账单葵花药业 20 000 股买入价 27.50 元,卖出价 32.00 元,全部售出。增值税 = 20 000 × (32 − 27.5) ÷ (1 + 6%) × 6% = 84 905.66 × 6% = 5 094.34(元)。

任务 90:未交增值税计算表

任务描述:31 日,编制未交增值税计算表。
背景单据:未交增值税计算表(任务 90-1)。
提示:销项税额根据信息化平台账簿查询三栏式明细账"应交税费——应交增值税(销项税额)"贷方本月合计填列;进项税额根据信息化平台账簿查询三栏式明细账"应交税费——应交增值税(进项税额)"借方本月合计填列;进项税额转出根据信息化平台账簿查询三栏式明细账"应交税费——应交增值税(进项税额转出)"贷方本月合计填列。

任务 90-1

未交增值税计算表

2020 年 03 月 31 日 　　　　　　　　　　　金额单位:元

项目	进项税额	销项税额	进项税额转出	本月未交增值税
增值税				
合　计				

审核:李春梅　　　　　　　　　　　　　　　　　　　　　制单:王秀玲

任务91:(业务66)转出未交增值税

任务描述: 31日,承任务90,转出未交增值税。

背景单据: 未交增值税计算表(任务90-1经计算得任务91-1)。

任务91-1

未交增值税计算表

2020年03月31日　　　　　　　　　　　　　　　　金额单位:元

项目	进项税额	销项税额	进项税额转出	本月未交增值税
增值税	252 432.66	491 995.27	180.96	239 743.57
合　计	252 432.66	491 995.27	180.96	239 743.57

审核:李春梅　　　　　　　　　　　　　　　　　　　　　　制单:王秀玲

任务92:应交城市维护建设税与教育费附加计算表

任务描述: 31日,编制本月应交城市维护建设税与教育费附加、地方教育附加计算表。

背景单据: 应交城市维护建设税与教育费附加计算表(任务92-1)。

提示: 计税金额应当包含转让金融资产应交增值税 244 837.91元(239 743.57+5 094.34)。

任务92-1

应交城市维护建设税与教育费附加计算表

2020年03月31日　　　　　　　　　　　　　　　　金额单位:元

税种	计税依据	计税金额	税率	应纳税额
城市维护建设税	增值税		7%	
教育费附加	增值税		3%	
地方教育附加	增值税		2%	
合计				

审核:李春梅　　　　　　　　　　　　　　　　　　　　　　制单:王秀玲

任务93:(业务67)计提城市维护建设税及教育费附加

任务描述: 31日,承任务92,计提本月应交城市维护建设税与教育费附加、地方教育附加。

背景单据： 应交城市维护建设税与教育费附加计算表（任务92-1经计算得任务93-1）。

任务93-1

应交城市维护建设税与教育费附加计算表

2020年03月31日　　　　　　　　　　　　　　　　　　　金额单位：元

税种	计税依据	计税金额	税率	应纳税额
城市维护建设税	增值税	244 837.91	7%	17 138.65
教育费附加	增值税	244 837.91	3%	7 345.14
地方教育附加	增值税	244 837.91	2%	4 896.76
合　计				29 380.55

审核：李春梅　　　　　　　　　　　　　　　　　　　　　　　　制单：王秀玲

任务94：(业务68)结转研发支出

任务描述： 31日，结转本月研发支出（费用化支出）。

提示： 根据信息化平台账簿查询三栏式明细账"研发支出——费用化支出"借方本月合计填列。

任务95：(业务69)计提一季度企业所得税

任务描述： 31日，计提一季度企业所得税。

提示： 先审核（四岗任务），再过账（四岗任务），再结转损益，再审核、过账，根据信息化平台账簿查询三栏式明细账"本年利润"贷方余额乘以25%计算出一季度企业所得税，反结账损益、过账、审核，编制记账凭证、审核、过账、结转损益，再审核、过账，生成报表。

岗位四　04 会计主管岗位

岗位职责

会计主管岗位负责建立账套、凭证审核、过账及结账、网上电子支付业务的审核授权、网上税费申报、报表编制（包括资产负债表、利润表公式设置）及报表分析、纳税筹划等工作。

出纳岗位任务序号

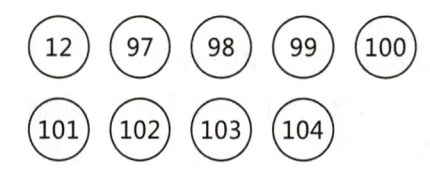

⑫　㊉　㊈　㊈　⑩⓪
⑩①　⑩②　⑩③　⑩④

任务 12：创建账套

由于公司业务发展迅速，北京红星皮具有限公司决定于 2020 年 3 月启用新的账套，公司适用企业会计准则，请根据相关资料设立账套（资料：2020 年 2 月 29 日期末余额表）。

任务 97：网银支付勘察费（审核出纳任务）

支付新建厂房勘察费（根据背景资料的付款申请书在竞赛系统内模拟完成银行电子转账支付业务，通过一般户支付）。

任务 98：网银支付销售中心办公室搬迁运费（审核出纳任务）

任务描述：20 日，支付销售中心办公室搬迁运费（根据背景资料的付款申请书在竞赛系统内模拟完成银行电子转账支付业务，通过基本户支付）。

任务 99：网银支付职工培训费（审核出纳任务）

任务描述：20 日，支付职工培训费（根据背景资料的付款申请书在竞赛系统内模拟完成银行电子转账支付业务，通过基本户支付）。

任务 100：网银支付设备维修费

任务描述：22 日，管理部门报销设备维修费（根据背景资料的付款申请书在系统内模拟完成银行电子转账支付业务，通过基本户支付）。

任务101：增值税及附加税费申报

任务描述： 填制本月的增值税及附加税费申报表［增值税及附加税费申报表（一般纳税人适用）、增值税及附加税费申报表附列资料（一）、增值税及附加税费申报表附列资料（二）、增值税及附加税费申报表附列资料（三）、增值税及附加税费申报表附列资料（四）、增值税及附加税费申报表附列资料（五）、增值税减免税申报明细表］。

纳税申报表

申报期限：_____年____月

单位名称：_____

纳税人识别号：_____

联系人：_____

联系电话：_____

税务所：_____

税管员：_____

财务分析报告

目录	项 目	页码
1	资产负债表	
2	利润表	
3	现金流量表	
4	水平分析财务报表	
5	垂直分析财务报表	
6	偿债能力指标	
7	盈利能力指标	
8	营运能力指标	
9	发展能力指标	
10	杜邦财务体系	
11	沃尔评分	
12	问题与评价	

任务 101-1

增值税及附加税费申报表(一般纳税人适用)

纳税人识别号：　　　　　　　纳税人名称：
所属时期：　　　　　至　　　　　填表日期：　　　　　　　　　　金额单位：元至角分

项目	项目	栏次	一般项目	一般项目	即征即退项目	即征即退项目
			本月数	本年累计	本月数	本年累计
销售额	（一）按适用税率计税销售额	1				
	其中：应税货物销售额	2				
	应税劳务销售额	3				
	纳税检查调整的销售额	4				
	（二）按简易办法计税销售额	5				
	其中：纳税检查调整的销售额	6				
	（三）免、抵、退办法出口销售额	7			—	—
	（四）免税销售额	8				
	其中：免税货物销售额	9				
	免税劳务销售额	10				
税款计算	销项税额	11				
	进项税额	12				
	上期留抵税额	13				—
	进项税额转出	14				
	免、抵、退应退税额	15			—	—
	按适用税率计算的纳税检查应补缴税额	16				
	应抵扣税额合计	17＝12＋13－14－15＋16				
	实际抵扣税额	18（如17＜11，则为17，否则为11）				
	应纳税额	19＝11－18				
	期末留抵税额	20＝17－18				—
	简易计税办法计算的应纳税额	21				
	按简易计税办法计算的纳税检查应补缴税额	22			—	—
	应纳税额减征额	23				
	应纳税额合计	24＝19＋21－23				
税款缴纳	期初未缴税额（多缴为负数）	25				
	实收出口开具专用缴款书退税额	26				
	本期已缴税额	27＝28＋29＋30＋31			—	
	① 分次预缴税额	28				—
	② 出口开具专用缴款书预缴税额	29				
	③ 本期缴纳上期应纳税额	30				
	④ 本期缴纳欠缴税额	31				
	期末未缴税额（多缴为负数）	32＝24＋25＋26－27				
	其中：欠缴税额（≥0）	33＝25＋26－27				
	本期应补（退）税额	34＝24－28－29				
	即征即退实际退税额	35			—	
	期初未缴查补税额	36				
	本期入库查补税额	37				
	期末未缴查补税额	38＝16＋22＋36－37				
附加税费	城市维护建设税本期应补（退）税额	39				
	教育费附加本期应补（退）费额	40				
	地方教育附加本期应补（退）费额	41				

任务 101-2

增值税及附加税费申报表附列资料（一）
（本期销售情况明细）

纳税人识别号：　　　　　　　　　　　　　　　　　　　　　　　　　　　　　　纳税人名称：
所属时期：　　　　　　至　　　　　　　　　　　　　　　　　　　　　　　　　　填表日期：　　　　　　　　　　　金额单位：元至角分

项目及栏次		开具增值税专用发票		开具其他发票		未开具发票		纳税检查调整		合计			服务、不动产和无形资产扣除项目本期实际扣除金额	扣除后	
		销售额	销项（应纳）税额	销售额	销项（应纳）税额	销售额	销项（应纳）税额	销售额	销项（应纳）税额	销售额	销项（应纳）税额	价税合计		含税（免税）销售额	销项（应纳）税额
		1	2	3	4	5	6	7	8	9=1+3+5+7	10=2+4+6+8	11=9+10	12	13=11-12	14=13÷(100%+税率或征收率)×税率或征收率
预征率 %	13a			—	—	—	—	—	—						
预征率 %	13b			—	—	—	—	—	—						
预征率 %	13c			—	—	—	—	—	—						
其中：即征即退项目	即征即退货物及加工修理修配劳务	14			—	—	—	—	—	—						
	即征即退服务、不动产和无形资产	15			—	—	—	—	—	—						
三、免抵退税	货物及加工修理修配劳务	16			—	—	—	—	—	—			—	—
	服务、不动产和无形资产	17			—	—	—	—	—	—			—	—
四、免税	货物及加工修理修配劳务	18			—	—	—	—	—	—			—	—
	服务、不动产和无形资产	19			—	—	—	—	—	—			—	—

任务 101-3

增值税及附加税费申报表附列资料(二)
（本期进项税额明细）

纳税人识别号：　　　　　　　　纳税人名称：

所属时期：　　　至　　　　　填表日期：　　　　　　　　金额单位：元至角分

一、申报抵扣的进项税额				
项目	栏次	份数	金额	税额
（一）认证相符的增值税专用发票	1＝2＋3			
其中:本期认证相符且本期申报抵扣	2			
前期认证相符且本期申报抵扣	3			
（二）其他扣税凭证	4＝5＋6＋7＋8			
其中:海关进口增值税专用缴款书	5			
农产品收购发票或者销售发票	6			
代扣代缴税收缴款凭证	7		—	
加计扣除农产品进项税额	8a	—	—	
其他	8b			
（三）本期用于购建不动产的扣税凭证	9			
（四）本期用于抵扣的旅客运输服务扣税凭证	10			
（五）外贸企业进项税额抵扣证明	11		—	
当期申报抵扣进项税额合计	12＝1＋4＋11			
二、进项税额转出额				
项　目	栏次	税额		
本期进项税额转出额	13＝14至23之和			
其中:免税项目用	14			
集体福利、个人消费	15			
非正常损失	16			
简易计税方法征税项目用	17			
免抵退税办法不得抵扣的进项税额	18			

(续表)

项　目	栏次	税额
纳税检查调减进项税额	19	
红字专用发票信息表注明的进项税额	20	
上期留抵税额抵减欠税	21	
上期留抵税额退税	22	
异常凭证转出进项税额	23a	
其他应作进项税额转出的情形	23b	

三、待抵扣进项税额

项目	栏次	份数	金额	税额
（一）认证相符的增值税专用发票	24	—	—	
期初已认证相符但未申报抵扣	25			
本期认证相符且本期未申报抵扣	26			
期末已认证相符但未申报抵扣	27			
其中:按照税法规定不允许抵扣	28			
（二）其他扣税凭证	29＝30至33之和			
其中:海关进口增值税专用缴款书	30			
农产品收购发票或销售发票	31			
代扣代缴税收缴款凭证	32		—	
其他	33			
	34			

四、其他

项目	栏次	份数	金额	税额
本期认证相符的增值税专用发票	35			
代扣代缴税额	36	—	—	

任务 101-4

增值税及附加税费申报表附列资料(三)
(服务、不动产和无形资产扣除项目明细)

纳税人识别号：
所属时期：　　　　至
纳税人名称：
填表日期：

金额单位：元至角分

项目及栏次		本期服务、不动产和无形资产价税合计额(免税销售额)	服务、不动产和无形资产扣除项目			
			期初余额	本期发生额	本期应扣除金额	本期实际扣除金额	期末余额
		1	2	3	4=2+3	5(5≤1且5≤4)	6=4-5
13%税率的项目	1						
9%税率的项目	2						
6%税率的项目(不含金融商品转让)	3						
6%税率的金融商品转让项目	4						
5%征收率的项目	5						
3%征收率的项目	6						
免抵退税的项目	7						
免税的项目	8						

任务 101-5

增值税及附加税费申报表附列资料（四）
（税额抵减情况表）

纳税人识别号：
纳税人名称：
所属时期：　　　至　　　
填表日期：
金额单位：元至角分

一、税额抵减情况

序号	抵减项目	期初余额 1	本期发生额 2	本期应抵减税额 3＝1＋2	本期实际抵减税额 4≤3	期末余额 5＝3－4
1	增值税税控系统专用设备费及技术维护费					
2	分支机构预征缴纳税款					
3	建筑服务预征缴纳税款					
4	销售不动产预征缴纳税款					
5	出租不动产预征缴纳税款					

二、加计抵减情况

序号	加计抵减项目	期初余额 1	本期发生额 2	本期调减额 3	本期可抵减 4＝1＋2－3	本期实际抵减额 5	期末余额 6＝4－5
6	一般项目加计抵减额计算						
7	即征即退项目加计抵减额计算						
8	合计						

任务 101-6

增值税及附加税费申报表附列资料（五）
（附加税费情况表）

纳税人识别号：　　　　　　　　　　　　　　　纳税人名称：
所属时期：　　　　　至　　　　　　　　　　　填表日期：　　　　　　　　　　　金额单位：元至角分

税（费）种		计税（费）依据			税（费）率（征收率）（%）	本期应纳税（费）额	本期减免税（费）额		试点建设培育产教融合型企业		本期已缴税（费）额	本期应补（退）税（费）额
		增值税税额	增值税免抵税额	留抵退税本期扣除额			减免性质代码	减免税（费）额	减免性质代码	本期抵免金额		
		1	2	3	4	5=(1-3+2)×4	6	7	8	9	10	11=5-7-9-10
城市维护建设税	1				7%				—	—		
教育费附加	2				3%				—	—		
地方教育附加	3	—	—	—	2%		—	—	—	—		
合计	4											
本期是否适用试点建设培育产教融合型企业抵免政策		是否										
可用于扣除的增值税留抵退税额使用情况		当期新增投资额								5		
		上期留抵可抵免金额								6		
		结转下期可抵免金额								7		
		当期新增可用于扣除的留抵退税额								8		
		上期结存可用于扣除的留抵退税额								9		
		结转下期可用于扣除的留抵退税额								10		

任务101-7

增值税减免税申报明细表

纳税人识别号：　　　　　　　　纳税人名称：

所属时期：　　　至　　　　　　填表日期：　　　　　　　　金额单位：元（列至角分）

减税性质代码及名称	栏次	期初余额	本期发生额	本期应抵减税额	本期实际抵税额	期末余额
		1	2	3＝1＋2	4≤3	5＝3－4
合计						

二、免税项目

免税性质代码及名称	栏次	免征增值税项目销售额	免税销售额扣除项目本期实际扣除金额	扣除后免税销售额	免税销售额对应的进项税额	免税额
		1	2	3＝1－2	4	5
合计						
出口免税			—	—	—	—
其中：跨境服务			—	—	—	—

任务 102：年度所得税纳税申报

任务描述：填制 2019 年度企业所得税纳税申报表（A100000、A101010、A102010、A104000、A105000、A105030、A105050、A105060、A105070、A105080、A106000、A107010、A107012）。

背景单据：2019 年科目余额表（任务 102-1）、2019 年利润表（任务 102-2）、2019 年度以前年度亏损弥补（任务 102-3）、研发费用明细表（任务 102-4）、企业所得税弥补亏损明细表（任务 102-5）。

任务 102-1

账户科目余额表

2019 年 1 月至 12 月　　　　　　　　　　　　　　　单位：元

科目名称	科目编码	期初余额 借	期初余额 贷	累计借方	累计贷方	期末余额 借	期末余额 贷
库存现金	1001	25 675.16	0	290 000	288 399.16	27 276	0
银行存款	1002	1 050 880	0	34 925 472	34 728 152	1 248 200	0
交通银行北京朝阳支行	100201	817 080	0	34 701 936	34 411 616	1 107 400	0
交通银行北京东城支行	100202	233 800	0	223 536	316 536	140 800	0
其他货币资金	1012	640 000	0	820 000	960 000	500 000	0
存出投资款	101201	640 000	0	820 000	960 000	500 000	0
交易性金融资产	1101	0	0	130 000	0	130 000	0
海宁皮城	110101	0	0	130 000	0	130 000	0
成本	11010101	0	0	120 000	0	120 000	0
公允价值变动	11010102	0	0	10 000	0	10 000	0
应收票据	1121	350 000	0	1 214 000	664 000	900 000	0
北京新世界百货有限公司	112101	250 000	0	250 000	0	500 000	0
北京非莫斯皮具有限公司	112102	100 000	0	964 000	664 000	400 000	0
应收账款	1122	1 183 000	0	33 384 000	30 633 183.94	3 933 816.06	0
北京乐亭皮具商贸有限公司	112201	400 000	0	18 200 000	17 200 000	1 400 000	0

(续表)

科目名称	科目编码	期初余额 借	期初余额 贷	累计借方	累计贷方	期末余额 借	期末余额 贷
北京东方爱格皮具服饰有限公司	112202	325 000	0	3 800 000	3 125 000	1 000 000	0
北京鸿丰皮具有限公司	112203	0	0	200 000	0	200 000	0
北京金族世家皮具有限公司	112204	230 000	0	2 500 000	1 920 000	810 000	0
北京香奈皮具有限公司	112205			1426 000	1 526 000	0	100 000
北京市王府井百货有限公司	112207	228 000	0	7 258 000	6 862 183.94	623 816.06	0
预付账款	1123	30 000	0	380 000	460 000	0	50 000
北京飞扬五金有限公司	112301	30 000	0	70 000	50 000	50 000	0
北京奇形五金配件有限公司	112302	0	0	300 000	400 000	0	100 000
北京华兴会计师事务所	112304	0	0	10 000	10 000	0	0
应收股利	1131	0	0	0	0	0	0
应收利息	1132	0	0	0	0	0	0
其他应收款	1221	25 000	0	66 000	78 000	13 000	0
张勇	122101	10 000	0	20 000	25 000	5 000	0
邓伟丰	122102	15 000	0	46 000	53 000	8 000	0
坏账准备	1231	0	8 620	1 420	0	0	7 200
应收账款	123101	0	8 620	1 420	0	0	7 200
材料采购	1401	0	0	0	0	0	0
在途物资	1402	0	0	0	0	0	0
原材料	1403	1 071 639	0	22 197 744.04	22 117 083.04	1 152 300	0
荔纹头层牛皮	140301	563 580	0	8 809 849.30	8 767 429.30	606 000	0
树皮纹头层牛皮	140302	418 500	0	11 799 122.33	11 767 622.33	450 000	0
里布	140303	42 780	0	747 527.25	744 307.25	46 000	0
3号拉头	140304	4 185	0	38 818.20	38 503.20	4 500	0

(续表)

科目名称	科目编码	期初余额 借	期初余额 贷	累计借方	累计贷方	期末余额 借	期末余额 贷
5号拉头	140305	6 975	0	53 236.35	52 711.35	7 500	0
3号拉链	140306	6 696	0	57 118.20	56 614.20	7 200	0
5号拉链	140307	9 300	0	64 992.76	64 292.76	10 000	0
D字扣	140308	6 510	0	296 127.25	295 637.25	7 000	0
日字扣	140309	6 975	0	195 200	194 675	7 500	0
肩带	140310	6 138	0	135 752.76	135 290.76	6 600	0
材料成本差异	1404	0	0	0	0	0	0
库存商品	1405	2 480 217.18	0	31 087 338.38	31 659 696.19	1 907 859.37	0
H113单肩女包	140501	609 540.97	0	7 015 046.86	7 155 709.93	468 876.90	0
H213挎包	140502	668 572.28	0	7 178 839.79	7 333 125.70	514 286.37	0
M115大号背包	140503	810 076.92	0	7 989 404.16	8 176 344.99	623 136.09	0
M215中号背包	140504	392 028.01	0	8 904 047.57	8 994 515.57	301 560.01	0
发出商品	1406	0	0	0	0	0	0
商品进销差价	1407	0	0	0	0	0	0
委托加工物资	1408	0	0	0	0	0	0
周转材料	1411	5 000	0	179 270	179 270	5 000	0
纸袋	141101	5 000	0	179 270	179 270	5 000	0
存货跌价准备	1471	0	0	0	0	0	0
持有待售资产	1481	0	0	0	0	0	0
持有待售资产减值准备	1482	0	0	0	0	0	0
持有至到期投资	1501	0	0	0	0	0	0
持有至到期投资减值准备	1502	0	0	0	0	0	0
可供出售金融资产	1503	0	0	0	0	0	0
长期股权投资	1511	0	0	600 000	0	600 000	0
北京市奇特机械设备有限公司	151101	0	0	600 000	0	600 000	0
成本	15110101		0	450 000	0	450 000	0
损益调整	15110102		0	50 000	0	50 000	0
其他综合收益	15110103		0	100 000	0	100 000	0

(续表)

科目名称	科目编码	期初余额 借	期初余额 贷	累计借方	累计贷方	期末余额 借	期末余额 贷
长期股权投资减值准备	1512	0	0	0	0	0	0
投资性房地产	1521	0	0	0	0	0	0
长期应收款	1531	0	0	0	0	0	0
未实现融资收益	1532	0	0	0	0	0	0
固定资产	1601	4 468 600	0	0	0	4 468 600	0
房屋建筑物	160101	3 000 000	0	0	0	3 000 000	0
生产设备	160102	1 064 000	0	0	0	1 064 000	0
运输设备	160103	256 600	0	0	0	256 600	0
管理设备	160104	148 000	0	0	0	148 000	0
累计折旧	1602	0	962 992	0	336 144	0	1 299 136
房屋建筑物	160201	0	364 800	0	144 000	0	508 800
生产设备	160202	0	323 456	0	102 144	0	425 600
运输设备	160203	0	184 752	0	61 584	0	246 336
管理设备	160204	0	89 984	0	28 416	0	118 400
固定资产减值准备	1603	0	0	0	0	0	0
在建工程	1604	0	0	0	0	0	0
工程物资	1605	0	0	0	0	0	0
固定资产清理	1606	0	0	0	0	0	0
生产性生物资产	1621	0	0	0	0	0	0
生产性生物资产累计折旧	1622	0	0	0	0	0	0
油气资产	1631	0	0	0	0	0	0
累计折耗	1632	0	0	0	0	0	0
无形资产	1701	2 950 000	0	0	0	2 950 000	0
土地使用权A	170101	2 100 000	0	0	0	2 100 000	0
商标权	170102	500 000	0	0	0	500 000	0
自主研发(非专利技术)	170103	350 000	0	0	0	350 000	0
累计摊销	1702	0	430 833.38	0	155 000.04	0	585 833.42
土地使用权A	170201	0	227 499.87	0	69 999.96	0	297 499.83
商标权	170202	0	162 500.13	0	50 000.04	0	212 500.17

(续表)

科目名称	科目编码	期初余额 借	期初余额 贷	累计借方	累计贷方	期末余额 借	期末余额 贷
自主研发(非专利技术)	170203	0	40 833.38	0	35 000.04	0	75 833.42
无形资产减值准备	1703	0	0	0	0	0	0
商誉	1711	0	0	0	0	0	0
长期待摊费用	1801	0	0	0	0	0	0
递延所得税资产	1811	612 388.93	0	0	0	612 388.93	0
应收账款	181101	2 155	0	0	0	2 155	0
可弥补亏损	181101	610 233.93	0	0	0	610 233.93	
待处理财产损溢	1901	0	0	0	0	0	0
短期借款	2001	0	2 000 000	2 000 000	1 000 000	0	1 000 000
交通银行北京朝阳支行	200101	0	2 000 000	2 000 000	1 000 000	0	1 000 000
交易性金融负债	2101	0	0	0	0	0	0
应付票据	2201	0	0	0	0	0	0
应付账款	2202	0	2 524 233.93	12 004 536	11 999 536	0	2 519 233.93
北京汉森皮革贸易有限公司	220201	0	1 838 233.93	7 323 520	7 654 520	0	2 169 233.93
北京市金洲五金有限公司	220202	0	186 000	1 176 000	1 240 000	0	250 000
北京市春花丝印有限公司	220203	0	300 000	435 600	235 600	0	100 000
北京市德润物流有限公司	220204	0	200 000	3 069 416	2 869 416	0	0
预收账款	2203	0	0	0	0	0	0
应付职工薪酬	2211	0	487 200.05	11 996 391.66	12 027 480.53	0	518 297.92
短期薪酬	221101	0	487 200.05	10 637 145.42	10 668 243.29	0	518 297.92
工资	22110101	0	475 414.12	8 812 617.90	8 842 963.48	0	505 759.70
医疗保险	22110102	0	0	741 407.04	741 407.04	0	0
工伤保险	22110103	0	0	13 729.76	13 729.76	0	0
生育保险	22110104	0	0	0	0	0	0
住房公积金	22110105	0	0	823 785.60	823 785.60	0	0
工会经费	22110106	0	11 785.93	139 625.60	140 377.90	0	12 538.22
职工福利费	22110107	0	0	0	0	0	0

(续表)

科目名称	科目编码	期初余额 借	期初余额 贷	累计借方	累计贷方	期末余额 借	期末余额 贷
职工教育经费	22110108	0	0	105 979.52	105 979.52	0	0
离职后福利	221102	0	0	1 359 246.24	1 359 246.24	0	0
养老保险	22110201	0	0	1 304 327.20	1 304 327.20	0	0
失业保险	22110202	0	0	54 919.04	54 919.04	0	0
应交税费	2221	0	286 363.18	8 318 781.42	8 518 519.41	0	486 101.17
应交增值税	222101	0	0	6 280 546.84	6 280 546.84	0	0
进项税额	22210101	19 866 555.45	0	3 335 128.65	0	23 201 684.10	0
销项税额抵减	22210102	0	0	0	0	0	0
已交税金	22210103	0	0	0	0	0	0
转出未交增值税	22210104	3 113 258.08	0	1 584 994.46	0	4 698 253.54	0
减免税款	22210105	0	0	0	0	0	0
出口抵减内销产品应纳税额	22210106	0	0	0	0	0	0
销项税额	22210107	0	22 979 813.53	0	4 920 123.11	0	27 899 936.64
出口退税	22210108	0	0	0	0	0	0
进项税额转出	22210109	0	0	0	0	0	0
转出多交增值税	22210110	0	0	0	0	0	0
未交增值税	222102	0	252 860.26	1 678 954.72	1 584 994.46	0	158 900
预交增值税	222103	0	0	0	0	0	0
待抵扣进项税额	222104	0	0	0	0	0	0
待认证进项税额	222105	0	0	0	0	0	0
待转销项税额	222106	0	0	0	0	0	0
简易计税	222107	0	0	0	0	0	0
转让金融商品应交增值税	222108	0	0	0	0	0	0
代扣代交增值税	222109	0	0	0	0	0	0
应交所得税	222110	0	0	109 049.03	412 720.20	0	303 671.17
应交消费税	222111	0	0	0	0	0	0
应交资源税	222112	0	0	0	0	0	0
应交土地增值税	222113	0	0	0	0	0	0

(续表)

科目名称	科目编码	期初余额 借	期初余额 贷	累计借方	累计贷方	期末余额 借	期末余额 贷
应交城市维护建设税	222114	0	17 700.22	117 526.83	110 949.61	0	11 123
应交教育费附加	222115	0	7 585.81	50 368.64	47 549.83	0	4 767
应交地方教育附加	222116	0	5 057.21	33 579.10	31 699.89	0	3 178
应交房产税	222117	0	0	0	0	0	0
应交土地使用税	222118	0	0	0	0	0	0
应交车船使用税	222119	0	0	0	0	0	0
应交个人所得税	222120	0	3 159.68	48 756.26	50 058.58	0	4 462
应付利息	2231	0	124 168.38	176 000	51 831.62	0	0
应付股利	2232	0	0	0	0	0	0
其他应付款	2241	0	0	0	0	0	0
持有待售负债	2251	0	0	0	0	0	0
递延收益	2401	0	0	0	0	0	0
长期借款	2501	0	0	0	0	0	0
应付债券	2502	0	0	0	0	0	0
长期应付款	2701	0	0	0	0	0	0
未确认融资费用	2702	0	0	0	0	0	0
专项应付款	2711	0	0	0	0	0	0
预计负债	2801	0	0	0	0	0	0
递延所得税负债	2901	0	0	0	0	0	0
衍生工具	3101	0	0	0	0	0	0
实收资本	4001	0	12 000 000	0	0	0	12 000 000
资本公积	4002	0	0	0	0	0	0
资本溢价	400201	0	0	0	0	0	0
其他资本公积	400202	0	0	0	0	0	0
其他综合收益	4003	0	0	0	100 000	0	100 000
盈余公积	4101	0	0	0	123 816.06	0	123 816.06
法定盈余公积	410101	0	0	0	123 816.06	0	123 816.06
本年利润	4103	0	0	3 679 096.29	3 679 096.29	0	0
利润分配	4104	2 440 935.71	0	247 632.12	3 802 912.35	0	1 114 344.52

（续表）

科目名称	科目编码	期初余额 借	期初余额 贷	累计借方	累计贷方	期末余额 借	期末余额 贷
未分配利润	410401	2 440 935.71	0	123 816.06	3 679 096.29	0	1 114 344.52
提取法定盈余公积	410402	0	0	123 816.06	123 816.06	0	0
库存股	4201	0	0	0	0	0	0
生产成本	5001	1 491 074.94	0	30 951 786.10	31 087 338.38	1 355 522.66	0
H113 单肩女包	500101	314 691.68	0	6 755 290.46	6 783 898.80	286 083.34	0
直接材料	50010101	236 018.75	0	4 701 929.33	4 723 385.58	214 562.50	0
直接人工	50010102	62 938.34	0	1 747 021.89	1 752 743.56	57 216.67	0
制造费用	50010103	15 734.59	0	306 339.24	307 769.66	14 304.17	0
H213 挎包	500102	344 025	0	6 891 355.86	6 922 630.86	312 750	0
直接材料	50010201	258 018.75	0	4 790 760.93	4 814 217.18	234 562.50	0
直接人工	50010202	68 805	0	1 761 731.61	1 767 986.61	62 550	0
制造费用	50010203	17 201.25	0	338 863.32	340 427.07	15 637.50	0
M115 大号背包	500103	423 561.60	0	7 871 892.48	7 910 398.08	385 056	0
直接材料	50010301	317 671.20	0	5 701 516.59	5 730 395.79	288 792	0
直接人工	50010302	84 712.32	0	1 816 850.58	1 824 551.70	77 011.20	0
制造费用	50010303	21 178.08	0	353 525.31	355 450.59	19 252.80	0
M215 中号背包	500104	408 796.66	0	9 433 247.30	9 470 410.64	371 633.32	0
直接材料	50010401	306 597.50	0	6 715 972.42	6 743 844.92	278 725	0
直接人工	50010402	81 759.34	0	2 289 541.47	2 296 974.14	74 326.67	0
制造费用	50010403	20 439.82	0	427 733.41	429 591.58	18 581.65	0
制造费用	5101	0	0	1 426 461.28	1 426 461.28	0	0
职工薪酬	510101	0	0	857 141.76	857 141.76	0	0
职工教育经费	510102	0	0	9 979.52	9 979.52	0	0
水电费	510103	0	0	332 098	332 098	0	0
折旧费	510104	0	0	178 944	178 944	0	0
设备租赁	510105	0	0	48 298	48 298	0	0
劳务成本	5201	0	0	0	0	0	0
研发支出	5301	0	0	592 653.43	592 653.43	0	0
费用化支出	530101	0	0	592 653.43	592 653.43	0	0
资本化支出	530102	0	0	0	0	0	0
工程施工	5401	0	0	0	0	0	0

(续表)

科目名称	科目编码	期初余额 借	期初余额 贷	累计借方	累计贷方	期末余额 借	期末余额 贷
工程结算	5402	0	0	0	0	0	0
机械作业	5403	0	0	0	0	0	0
主营业务收入	6001	0	0	42 159 928.25	42 159 928.25	0	0
H113 单肩女包	600101	0	0	9 540 946.57	9 540 946.57	0	0
H213 挎包	600102	0	0	9 777 500.93	9 777 500.93	0	0
M115 大号背包	600103	0	0	10 901 793.32	10 901 793.32	0	0
M215 中号背包	600104	0	0	11 939 687.43	11 939 687.43	0	0
其他业务收入	6051	0	0	0	0	0	0
公允价值变动损益	6101	0	0	10 000	10 000	0	0
投资收益	6111	0	0	50 000	50 000	0	0
债务重组损益	611101						
出售金融资产损益	611102						
交易手续费	611103						
其他收益	611104			50 000	50 000		
出售股权收益	611105						
资产处置损益	6112	0	0	0	0	0	0
其他收益	6113	0	0	0	0	0	0
营业外收入	6301	0	0	2 000	2 000	0	0
主营业务成本	6401	0	0	31 659 696.19	31 659 696.19	0	0
H113 单肩女包	640101	0	0	7 155 709.93	7 155 709.93	0	0
H213 挎包	640102	0	0	7 333 125.70	7 333 125.70	0	0
M115 大号背包	640103	0	0	8 176 344.99	8 176 344.99	0	0
M215 中号背包	640104	0	0	8 994 515.57	8 994 515.57	0	0
其他业务成本	6402	0	0	0	0	0	0
税金及附加	6403	0	0	190 199.33	190 199.33	0	0
城市维护建设税	640301	0	0	110 949.61	110 949.61	0	0
教育费附加	640302	0	0	47 549.83	47 549.83	0	0
地方教育附加	640303	0	0	31 699.89	31 699.89	0	0
销售费用	6601	0	0	2 454 435.91	2 454 435.91	0	0
职工薪酬	660101	0	0	1 298 612	1 298 612	0	0

(续表)

科目名称	科目编码	期初余额 借	期初余额 贷	累计借方	累计贷方	期末余额 借	期末余额 贷
职工教育经费	660102	0	0	48 000	48 000	0	0
业务宣传费	660103	0	0	860 000	860 000	0	0
运费	660104	0	0	57 530.91	57 530.91	0	0
水电费	660105	0	0	6 223	6 223	0	0
折旧费	660106	0	0	4 800	4 800	0	0
包装物	660107	0	0	179 270	179 270	0	0
管理费用	6602	0	0	3 413 696.83	3 413 696.83	0	0
职工薪酬	660201	0	0	1 817 295.20	1 817 295.20	0	0
职工教育经费	660202	0	0	48 000	48 000	0	0
办公费	660203	0	0	24 500	24 500	0	0
通信费	660204	0	0	19 200	19 200	0	0
维修费	660205	0	0	76 598	76 598	0	0
业务招待费	660206	0	0	340 177	340 177	0	0
差旅费	660207	0	0	85 200	85 200	0	0
车辆费用	660208	0	0	51 000	51 000	0	0
水电费	660209	0	0	36 153.16	36 153.16	0	0
折旧费	660210	0	0	139 920	139 920	0	0
无形资产摊销	660211	0	0	155 000.04	155 000.04	0	0
盈亏	660212	0	0	0	0	0	0
研发支出	660213	0	0	592 653.43	592 653.43	0	0
审计费	660214	0	0	28 000	28 000	0	0
财务费用	6603	0	0	34 503.50	34 503.50	0	0
手续费	660301	0	0	3 123.50	3 123.50	0	0
利息收入	660302	0	0	8 620	8 620	0	0
利息支出	660303	0	0	40 000	40 000	0	0
现金折扣	660304	0	0	0	0	0	0
勘探费用	6604	0	0	0	0	0	0
资产减值损失	6701	0	0	1 420	1 420	0	0
营业外支出	6711	0	0	379 000	379 000	0	0
所得税费用	6801	0	0	412 720.20	412 720.20	0	0
以前年度损益调整	6901	0	0	0	0	0	0

任务 102-2

利 润 表

编制单位:北京红星皮具有限公司　　　　2019 年　　　　　　　　　　　　单位:元

项　目	本年累计金额
一、营业收入	42 159 928.25
减:营业成本	31 659 696.19
税金及附加	190 199.33
销售费用	2 454 435.91
管理费用	2 821 043.40
研发费用	592 653.43
财务费用	34 503.50
其中:利息费用	40 000.00
利息收入	8 620.00
加:其他收益	
投资收益(损失以"—"号填列)	50 000.00
其中:对联营企业和合营企业的投资收益	
公允价值变动收益(损失以"—"号填列)	10 000.00
信用减值损失(损失以"—"号填列)	1 420.00
资产减值损失(损失以"—"号填列)	
资产处置收益(损失以"—"号填列)	
二、营业利润(亏损以"—"号填列)	4 468 816.49
加:营业外收入	2 000.00
减:营业外支出	379 000.00
三、利润总额(亏损总额以"—"号填列)	4 091 816.49
减:所得税费用	412 720.20
四、净利润(净亏损以"—"号填列)	3 679 096.29

单位负责人:邓伟丰　　　　会计主管:李春梅　　　　复核:邓伟丰　　　　制表:李春梅

任务102-3

所得税申报相关涉税事项

1. 期间费用：公司目前不存在境外业务，也没有境外相关费用。
2. 资产折旧、摊销情况：会计核算与税法一致，不存在调整事项，也不存在固定资产加速计提折旧。
3. 2021年12月31日，交易性资产海宁皮城股票价格每股13.00元，已确认公允价值变动。
4. 营业外支出：其中300 000元为捐赠红十字会并取得法定票据；70 000元为税务罚款，9 000元税款滞纳金。
5. 营业外收入：2 000元为员工罚款收入。
6. 本年度实际预缴所得税412 720.20元。
7. 职工教育经费不存在全额扣除人员支出，上年度无留抵。
8. 研发费用符合加计扣除条件。
9. 所有的费用以及职工薪酬都已实际全部发放，并且有合法票据，无股权激励发放，不存在税收优惠及其他特殊事项。
10. 本企业为一般企业，一般企业代码为100。

任务102-4

研发费用明细表

金额单位：元

项　　目	金　　额
工资	271 227.84
五险一金	56 663.10
直接材料	206 904.13
设备折旧费	12 480.00
差旅费、会议费等	39 953.80
工会经费	5 424.56

任务 102-5

2019年度以前年度亏损弥补

企业所得税弥补亏损明细表

行次	项目	年度	当年境内所得额	分立转出的亏损额	合并、分立转入的亏损额		弥补亏损企业类型	当年亏损额	当年待弥补的亏损额	当年可实际弥补的以前年度亏损额		当年可结转以后年度弥补的亏损额
					可弥补年限5年	可弥补年限10年				使用境内所得弥补	使用境外所得弥补	
		1	2	3	4	5	6	7	8	9	10	11
1	前十年度											
2	前九年度											
3	前八年度											
4	前七年度											
5	前六年度											
6	前五年度											
7	前四年度											
8	前三年度	2016	−5 682 673.18				100	−5 682 673.18	−4 086 330.34	4 086 330.34		0
9	前二年度	2017	−2 469 570.63				100	−2 469 570.63	−2 469 570.63	28 634.92		2 440 935.71
10	前一年度	2018	1 596 342.84				100	0	0	0		0
11	本年度	2019	4 114 965.26				100	0	0	0		0
12	可结转以后年度弥补的亏损额合计											2 440 935.71

任务 102-6

企业所得税年度
纳税申报资料

任务 103：计算净收益

任务描述：红星皮具计划在 2020 年中秋节展开促销活动，并提出"满 500 送 100"活动。具体方案如下：

方案一：顾客买满 500 元，立减 100 元。

方案二：顾客买满 500 元，赠送价值 100 元的赠品，赠品与销售的商品开在同一张发票上。

假设：红星皮具所有产品均为自产，销售毛利率为 30%（其中：成本结构为材料成本占总成本 88%，制造费用及直接人工占成本 12%，计算进项税时只考虑材料成本），不考虑其他费用，公司为一般纳税人。

根据上面的条件测算两个方案的净收益以供总经理做出决策（计算过程中保留 2 位小数）。

任务 103-1

项目	方案一	方案二
营业收入		
销项税额		
营业成本		
进项税额		
增值税应纳税额		
税金及附加		
营业利润		
企业所得税		
净收益		

审核：邓伟丰　　　　　　　　　　　　　　　　　　　　　　　　　　制单：李春梅

任务 104：选择方案

任务描述：根据任务 104，从公司利益出发，本公司应该选择哪套方案？（　　）

☐ A. 方案 1

☐ B. 方案 2

主要参考文献

[1] 中国注册会计师协会. 会计[M]. 北京:中国财政经济出版社,2024.
[2] 中国注册会计师协会. 税法[M]. 北京:中国财政经济出版社,2024.
[3] 中国注册会计师协会. 财务成本管理[M]. 北京:中国财政经济出版社,2024.